武器としての会計ファイナンス

Accounting and Finance
for Business

「カネの流れ」をどう最適化して
戦略を成功させるか？

矢部謙介

日本実業出版社

はじめに

■会計&ファイナンスは経理や財務の専門家だけのものではない

「会計やファイナンスに対して、どのような印象を持っていますか?」

このような問いかけをビジネスパーソンにすると、次のような答えが多く返ってきます。


「数式や数字が多くて苦手なイメージを持っています」

「経理や財務の人間ならいざ知らず、一般社員にはあまり関係ないと思います」

「日々の仕事で、会計やファイナンスの知識が必要になることはありません」——。


本当に、そうでしょうか?

じつは、会社のあらゆる仕事に、会計やファイナンス(コーポレート・ファイナンス)は密接に関わっているのです。

例えば、あなたが営業部門に所属しているとしたら、毎年売上目標を立てて、その達成状況をモニタリングしなければならないでしょう。製造部門に所属しているなら、原価目標を立てて、それを達成することが求められます。これらの目標は、全社としての財務的な目標を達成するために各部門にブレークダウンされているのです。

ここでは、売上やコストの目標といった、わかりやすい例を挙げましたが、近年においてはFCF（フリー・キャッシュ・フロー）やROE（自己資本利益率）、ROA（総資産利益率）、ROIC（投下資本利益率）、EVA（経済的付加価値）といったファイナンスの考え方を反映した経営指標が各部門の目標へと落とし込まれている会社が増えてきています。

なぜなら、全社ベースでの意思決定や経営計画の立案を行なっている**経営者や経営スタッフ部門には、株主などの投資家を意識した戦略を策定し、実行することが求められているからです**。現時点で、投資家の存在を意識せず、会計やファイナンスを理解しないまま経営を行なっている経営者は、少なくとも上場企業では少数派と言えるでしょう。

そうだとすれば、そうした会社で働いているビジネスパーソンにとっても、会計やファイナンスは無縁なものではないはずです。

簡単に言えば、ファイナンスは、**会社のおカネの流れを最適化し、企業価値を最大化することを目的の1つとしています**。また、少なくとも株式会社においては、株主が求める以上のリターンを上げ、企業価値を高めることが必要とされています。このように考えれば、あなたの仕事が会計やファイナンスとは関係がない、というのは大きな誤解であることがわかります。

会社の経営に会計やファイナンスの視点が必要不可欠なものになることによって、現場の仕事にも変革が求められる時代が来ているのです。

■武器として会計とファイナンスを活用する

前著『武器としての会計思考力』では、「**会計思考力**」を使って経営の現実を読み解くとともに、それを変えていくための方法について解説しました。前著の目的は、分けてとらえられがちな会計とビジネスを結びつける考え方（＝会計思考力）を通じて、会計の数字を使って経営の現実を読み解く力と、会計の数字を使って経営の現実を変える力を身につけることにありました。

本書の基本的なスタンスもまったく同じです。**ファイナンスとビジネスの現実を結びつける考え方**を通じて、経営の現場で武器となる「**ファイナンス思考力**」を身につけることが本書の目的です。

しかしながら、ファイナンスというと、会計よりも少しとっつきにくく感じる方が多いと思います。

そこで本書では、前著でも取り上げた会計思考力をベースとして、それをファイナンス思考力へと進化させていきます。そのなかで、前著では取り上げきれなかった内容についても併せて解説します。

◉ファイナンス思考力を活用する2つの方向性

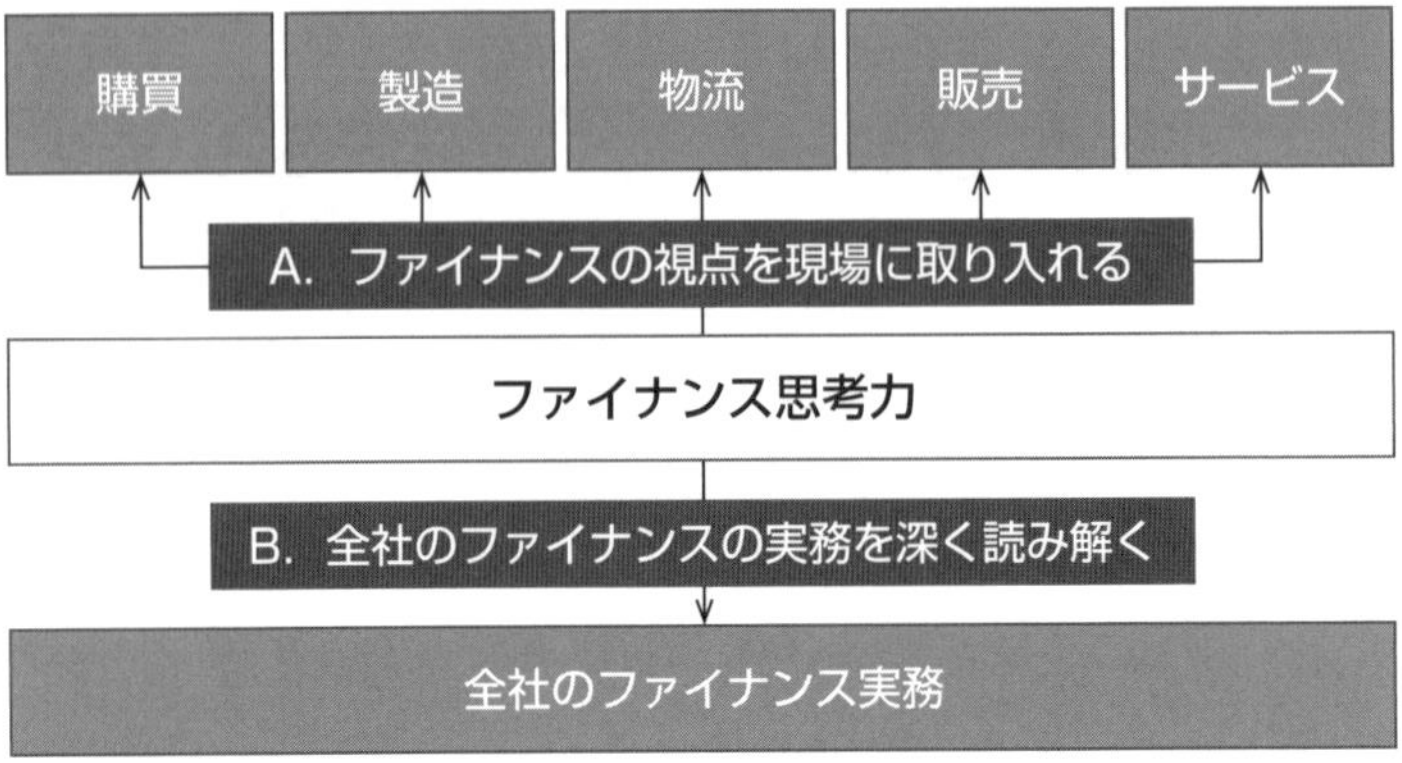

本書で身につけるファイナンス思考力は、上の図に示すような2つの方向性で活用することができます。

1つは、ファイナンスの視点を現場に取り入れていくという活用方法です。先ほど述べたように、全社の経営を考えるうえで、ファイナンスは必要不可欠なものになっています。

したがって、こうした全社目線で検討された経営目標を現場に落とし込むときには、**ファイナンスの視点（考え方＝理論）を理解して、現場に取り入れる**ことが求められます。

もう1つは、ファイナンスの知識を活用して、**全社レベルのファイナンスの実務（ファイナンス戦略など）を深く読み解く**という方向性です。

あなた自身がM&Aや資金調達、投資の判断などを直接行なわないにしても、あなたの会社ではこうした財務に関する意思決定が日常的に行なわれています。

ファイナンスの知識を使えば、こうしたファイナンス戦略の意図を深く読み解くことができるようになります。意図を正確に読み解くことができれば、それはあなたの仕事のやり方にも反映させることができるはずです。もちろん、あなたがファイナンスに関する意思決定を下す立場になったときには、その知識が役に立つことは言うまでもありません。

■ファイナンスの考え方と実務は密接につながっている

ファイナンスには考え方、つまり理論があります。そして、ファイナンスの理論の特徴と言えるのが、理論と実務の距離が比較的近いということです。もちろん、すべて理論どおりになるわけではありませんが、ファイナンス戦略などの実務に対して、**株式市場は理論と整合的に動くことが多い**のです。したがって、ファイナンスの理論は、かなりの部分を実務に応用することができます。しかも、それはある程度再現可能なものですから、一度身につけてしまえば、ずっと使うことができます。

新聞やビジネス雑誌には、様々な会社のファイナンス戦略に関する記事が掲載されています。ファイナンスの考え方を身につけていれば、こうしたファイナンス戦略の目的や内容をより深く読み解くことができるようになります。本書を通じて、あなたの一生の武器となる、ファイナンス思考力を身につけてください。

■本書の構成

本書は、読者の皆さんに会計思考力をファイナンス思考力へと進化させてもらうために、全6章で構成されています。なお、本書においては「ファイナンス」という言葉を、「コーポレート・ファイナンス」、すなわち企業における財務活動全般のことを指して使います。

第1章〜第3章では、会計とファイナンスの基本を押さえていきます。

第1章では、「そもそもファイナンスとは何なのか?」「なぜファイナンスが必要なのか?」という点について解説します。ファイナンスの考え方を理解するには、会計や財務諸表の基本を身につけておく必要がありますが、**こうしたファイナンスを理解するうえで最低限身につけておきたい会計知識**について取り扱います。

第2章では、**利益**と**キャッシュ・フロー**について解説します。ファイナンスにおいて、キャッシュ・フローは重要な要素の1つですが、このキャッシュ・フローと利益の関係に加えて、利益を増やすための考え方、そして利益をキャッシュ・フローに結びつけていくための方法を取り上げます。

第3章では、会社の**資本コスト**について説明します。資本コストもファイナンスにおいては非常に重要で、本書の第4章〜第6章で具体的に紹介する、ファイナンスを武器にするための考え方の基盤となるものです。資本コストの考え方を理解しようとすると、どうしても数学の知識が必要になるのですが、本書では、それをできるだけ直感的に理解できるように解説します。

第4章〜第6章では、ファイナンス思考力をビジネスの現場で活用していく方法について取り上げます。言ってみれば、ファイナンスの実務への応用編ということになります。

第4章では、ファイナンス思考力を**KPI**（「Key Performance Indicator」の略称。「業績評価指標」とも呼ばれます）に反映させる方法について解説します。具体的に言えば、EVAやROIC、ROA、ROEといったKPIが、ファイナンスの考え方とどう結びついているのか、これらの指標をビジネスの現場でどのように活用していくべきかを解説します。

第5章では、近年、日本企業でも一般化した**M&A**（企業の合併・買収）や事業投資とファイナンスの関わりについて取り扱います。本章では、**事業投資の評価**の手法を紹介するとともに、M&A時に必ず行なわなければならない**企業価値の評価方法**について、事例をもとに解説します。

第6章では、**会社のファイナンス戦略**について、第5章までで身につけたファイナンス思考力を使って読み解いていきます。ファイナンス戦略というと、資金調達や配当政策など、一見難解な内容だと思われるかもしれませんが、ファイナンスの基本的な考え方を身につけていれば、深く読み解くことができるようになります。

なお、第1章の内容は前著『武器としての会計思考力』と重複している部分があります。

すでに会計の基本的な知識を身につけている方は、「ファイナンスを理解するために最低限必要な会計知識」の部分は読み飛ばしていただいても構いません。

また、第4章で取り扱うＫＰＩについても、前著と重複している部分がありますが、資本コストなどのファイナンスの考え方を身につけた後に読んでいただくと、指標の持つ意味をより深く理解することができますので、ぜひそのような視点で読み進めてください。

本書の特徴の1つとして、各章末に掲載した「コンサル・ファイル」では、経営コンサルティングの実務において私が遭遇したエピソードなどを盛り込んでいます。これらのコンサルティングに関する事例については、コンフィデンシャリティの観点から、企業名や業種を特定できないように記述していますが、内容の本質は損なわないようにしています。

それでは、ファイナンス思考力をあなたの武器にするためのトレーニングをスタートすることにしましょう。

武器としての会計ファイナンス　「カネの流れ」をどう最適化して戦略を成功させるか？　◉目次

第2章 利益とキャッシュ・フローを読み解く
―キャッシュ・フローをマネジメントする方法

第3章 資本コストとは何か?
──投資家の期待を上回るための考え方

第4章 ファイナンス思考力をKPIに活かす
──資本効率を上げるための業績評価指標

第5章 M&Aと投資判断のためのファイナンス思考力とは？
―企業価値を高める意思決定の方法

※本書の内容は基本的に2018年10月現在の法令や情勢などに基づいています。
※本書に記載されている社名、ブランド名、商品名、サービス名などは各社の商標または登録商標です。本文中に©、®、TMは明記していません。

カバーデザイン　小口翔平＋喜來詩織（tobufune）　本文DTP　一企画

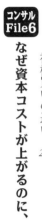

第1章

なぜファイナンスが必要なのか？

――会計とファイナンスの基本

この章で身につける「武器」

☑財務諸表の基礎知識
☑財務諸表の全体像をつかむ方法
☑ファイナンスと財務諸表の関係の読み解き方
☑ファイナンスを経営に活用する方法

会計とファイナンスの関係とは?

会計とファイナンスはどのようにつながっているのか?

会計とファイナンスはどのような関係にあるのでしょうか。大学でも、「会計ファイナンス学部」という名前があるように、両者は似たようなものとして括られていることも多いのです。

しかし、これから会計とファイナンスを武器として身につけていこうとしている皆さんは、両者の関係を理解しておく必要があります。そこで、まずレストラン開業の事例を使って、会計とファイナンスについて考えてみましょう。

レストラン開業の事例から考える

ここでは、あなたが独立してレストランを開業することを想定します。

まず、レストランを開業するためには、**開業資金**が必要です。開業資金を集めるためにはどうすればよいでしょうか。

これまで開業に向けて貯めてきた貯蓄を充てたり、担保に入れる土地があれば**銀行**などからおカネを借りたりすることも検討する必要があるでしょう。場合によっては、株式を発行して、あなたのレストランに対して投資をしてくれる人（**株主**）を探すことも考えられます。

開業資金のメドがついたら、今度はそれをレストラン**事業に投資**することになります。レストランを開業するためには、店舗の建物や内装、什器、調理器具などを用意する必要があります。食材などを仕入れる必要もあるでしょう。

いざ開業にこぎ着けたら、仕入代金の支払いが滞ることがないように、**資金繰り**に気を配る必要があります。おカネを支払うべきときに支払うことができなければ、その会社は倒産してしまうからです。

そして、レストラン事業への投資ならびに経営の成果として、利益を上げる必要があります。レストランの売上から様々な費用を差し引いても利益が出るようにレストラン経営を行なっていかなければなりません。また、獲得した利益の一部は、投資をしてくれた株主に**配当金**として支払うことを検討する必要もあるでしょう。

ファイナンスの役割は会社のおカネの流れをコントロールすること

ここで、レストラン開業の事例において、おカネの流れがどうなっていたかをまとめてみると、次のようになります。

①事業に必要な資金を集める
②事業を行なううえで必要なものを買う
③支払うべきおカネを支払う
④投資や経営の成果（利益）を上げる
⑤利益の一部を株主に還元する

じつは、これらすべてがファイナンスの役割そのものなのです。言ってみれば、**ファイナンスは会社におけるおカネの流れをコントロールする機能**を担っています。

会計やファイナンスの用語で言えば、①は**資金調達**、②は**事業投資**、③は**資金繰り**、④は**利益計上**、⑤は**配当**となります。これらのマネジメントに関する意思決定を行ない、**企業としての価値を高めていく**のがファイナンスに課せられた役割なのです。

◉図表1-1　ファイナンスと基本財務諸表の関係

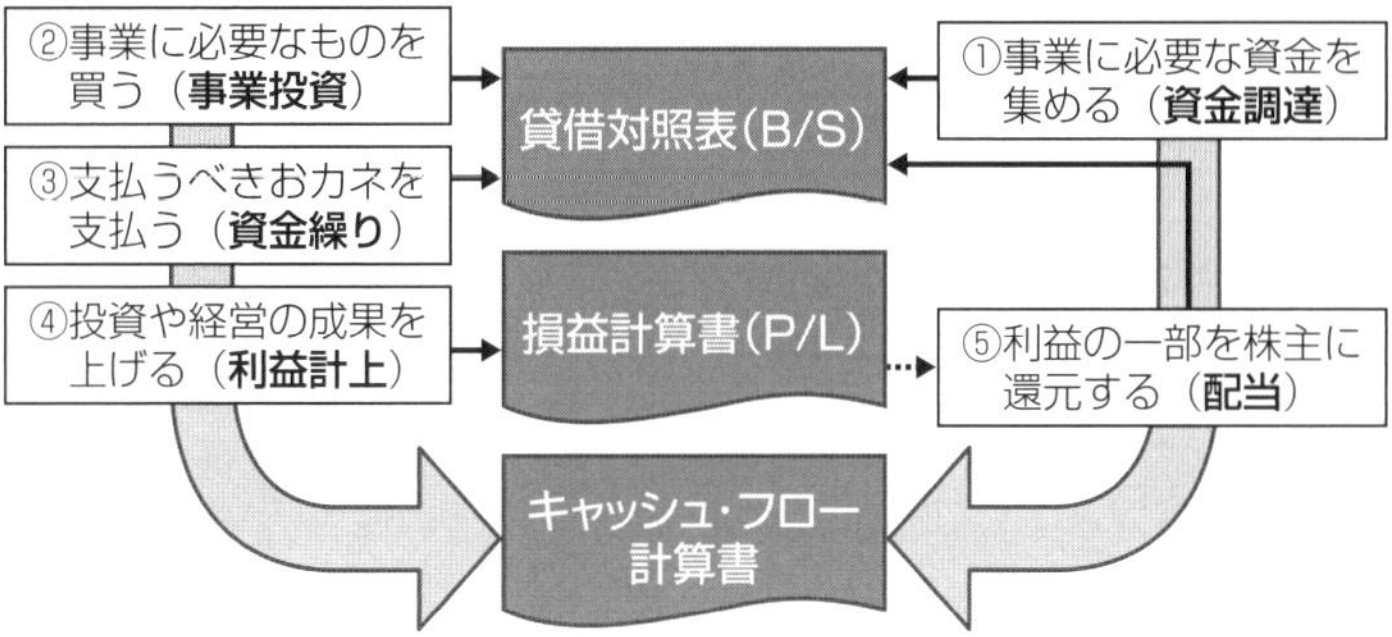

財務諸表はファイナンスの結果を表す

会計に基づいて作成された財務諸表は、どのような役割を担っているのでしょうか。財務諸表の基本については次節で説明しますので、ここでは財務諸表の内容についてはごく概略だけにとどめ、ファイナンスと財務諸表の関係性に主な焦点を当てることにしましょう。

図表1－1は、先ほど述べたファイナンスが担っている機能と財務諸表の関係を図示したものです。

貸借対照表（英語の「Balance Sheet」の頭文字を略して、**B／S**とも呼ばれます）は、会社が資金をどのようにして集めてきて、それをどう投資したのかを示す財務諸表の1つです。

したがって、①の資金調達、②の事業投資の内容は貸借対照表に反映されます。また、会社の資産としての現金も貸借対照表に記載されますので、③の資金繰りの結果も貸借対照表に表示されることになります。さらに、利益から配当金などの支払いを行なって残った分は**内部留保**になりますので、その金額は貸借対照表の**利益剰余金**（利益剰余金については、27ページで改めて説明します）に積み上がることになります。

損益計算書（英語の「Profit and Loss Statement」の頭文字をとって、P／Lとも呼ばれます）は、通常1年間の売上高から費用を差し引き、利益を計算するための財務諸表です。したがって、④の利益計上の結果は損益計算書上に表されることになるわけです。

キャッシュ・フロー計算書は、会社における現金の収支を表示するものです。ファイナンスは会社のおカネの流れをコントロールするものですから、そのすべてはキャッシュの流れに関係しています。したがって、①～⑤の意思決定の結果はすべて、キャッシュ・フロー計算書に反映されます。

以上のように、財務諸表には、ファイナンスの意思決定の結果が表示されているのです。

ファイナンスを理解するために最低限必要な会計知識

なぜ会計を理解しておく必要があるのか？

ここまで説明してきたように、ファイナンスは会社のおカネの流れをコントロールし、その結果が財務諸表に表されています。**ファイナンスは将来の財務諸表の内容を管理する機能を担っている**、と言い換えることもできます。

したがって、ファイナンスを理解するためには、ファイナンスに関する意思決定が結果として財務諸表にどのような影響を及ぼすのかを知っておく必要があります。そこで、ファイナンスを理解するうえで最低限知っておかなければならない3つの基本財務諸表の知識についておさらいしておきましょう。

なお、前著『武器としての会計思考力』などで基本財務諸表の読み方をマスターしている場合には、このセクションは読み飛ばしていただいても構いません。

3つの基本財務諸表

会社の基本財務諸表は3つあります。1つ目は貸借対照表、2つ目は損益計算書、3つ目はキャッシュ・フロー計算書です。

貸借対照表と損益計算書にはそれぞれB／S、P／Lという略称がありますので、以下では基本的には、その略称で呼ぶことにします。

一方、キャッシュ・フロー計算書は英語で「Cash Flow Statement」なので、C／SやC／Fといった略称があるのですが、あまりメジャーではないので、本書ではそのままキャッシュ・フロー計算書と呼ぶことにします。

なお、本章では日本の会計基準に基づいて作成された財務諸表をベースに説明していくことにします。

貸借対照表（B／S）

1つ目に取り上げるのが、貸借対照表（B／S）です。すでに概略は説明しましたが、B／Sには会社がどのようにして資金を集めてきたのか、そしてその資金をどのように投資したのかが書かれています。B／Sの姿を最も単純に表したのが、図表1－2です。

◉図表1-2　右側と左側が一致するB／S

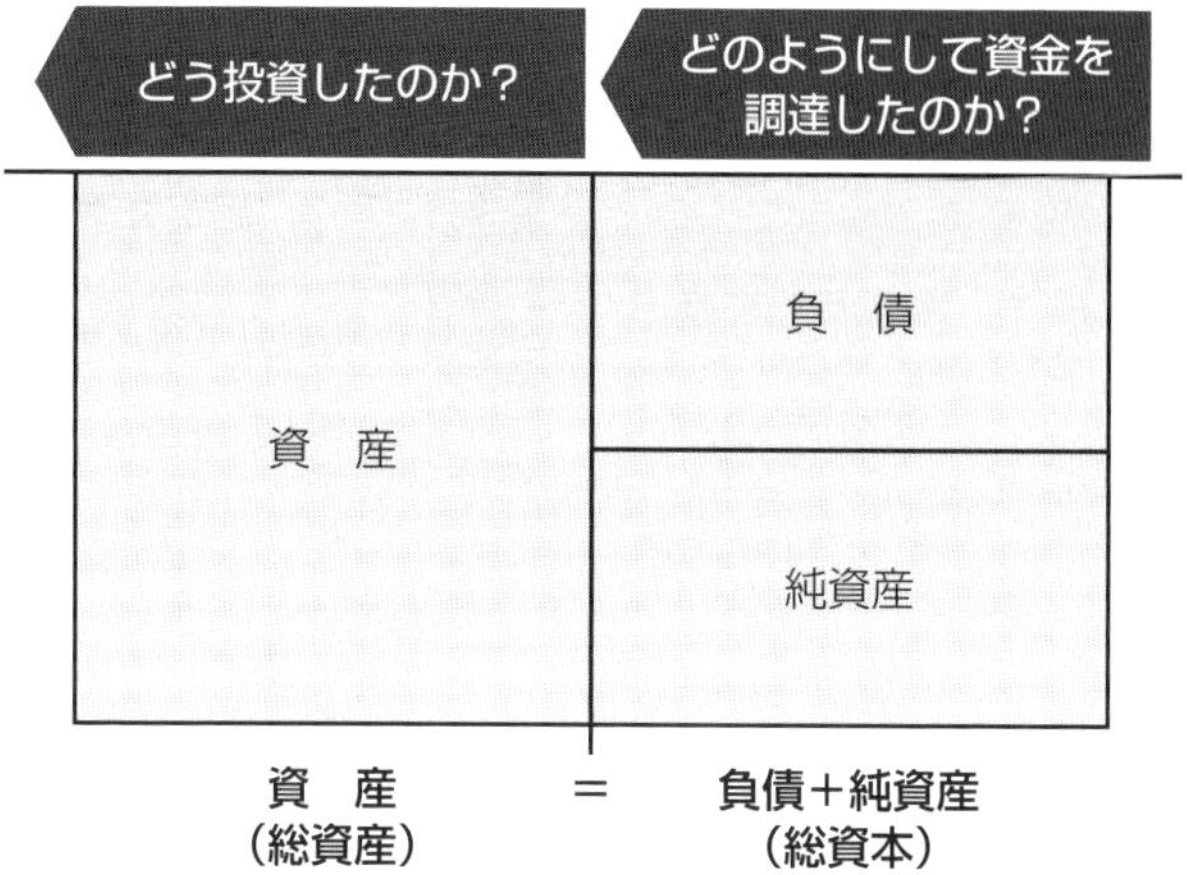

B／Sの右側には、会社がどのようにして資金を調達したのかが書かれています。

負債というのは、銀行などから借り入れた資金の明細が表示されている部分です。基本的に、負債は将来支払いや返済を行なわなければならないものです。

純資産は、株主がその会社に対して投資してくれた資金などの明細となっています。負債と違って、純資産として調達した資金に関しては支払いや返済を行なう必要がありません。

B／Sの左側には、調達した資金をどのような形で投資したのかが書かれています。

会社は、自ら調達した資金を投資に回すわけですから、B／Sの左右の金額（左側は資産の総額〔総資産〕、右側は負債と純資産の合計額〔総資本〕）は必ず一致します。

貸借対照表を「**バランスシート**」と呼ぶ理由に

◉図表1-3　B／Sの基本構造

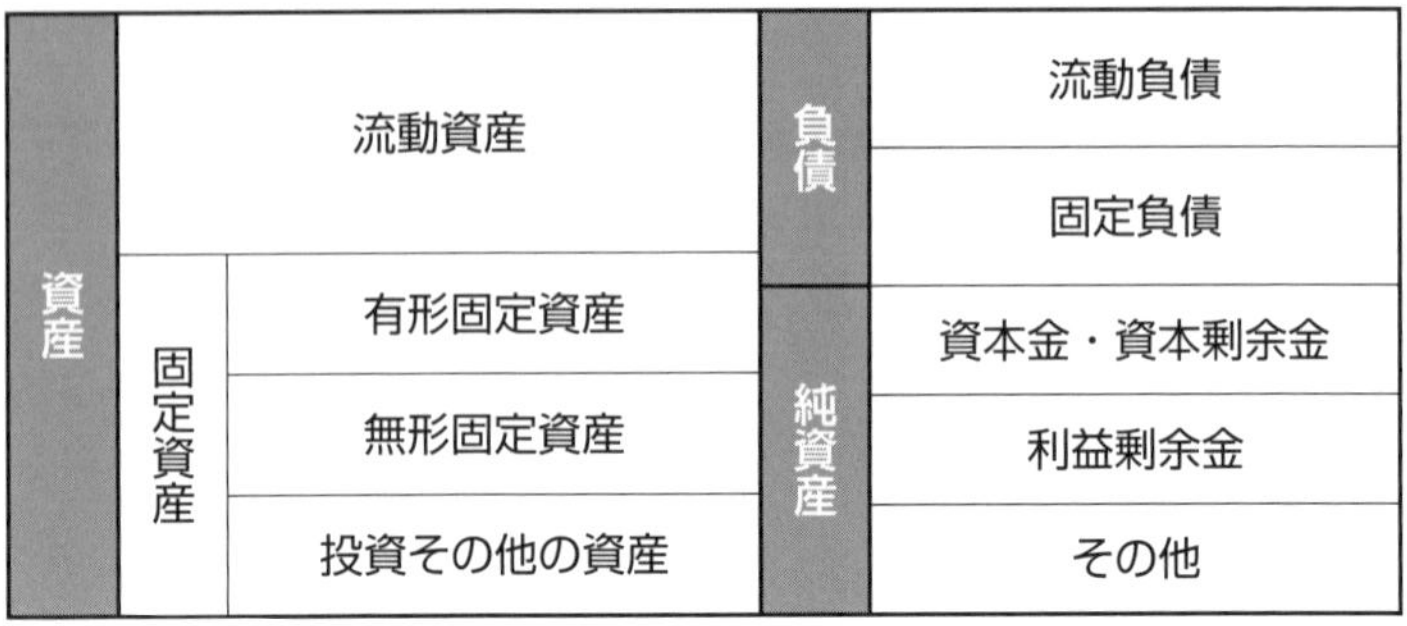

資産		流動資産	負債	流動負債
				固定負債
	固定資産	有形固定資産	純資産	資本金・資本剰余金
		無形固定資産		利益剰余金
		投資その他の資産		その他

は2つの説があるのですが、その1つがB／Sの左右がバランスしている（つり合っている）から、というものなのです。

B／Sの構造をもう少し詳しく図示したものが図表1－3です。

まず、B／Sの右側を見てみましょう。B／Sの右側は負債と純資産に分かれています。

負債は、銀行から借り入れた資金など、いずれ返済や支払いを行なう必要があるものです。負債の中身は、さらに**流動負債**と**固定負債**に分かれています。流動負債は、短期のうち（多くの場合、1年以内）に返済や支払いを行なわなければならないものが、固定負債には返済や支払いの期限が長期（多くの場合、1年超）のものが分類されます。

例えば、銀行からの借入金の場合、返済期限が1年以内のものは流動負債に、返済期限が1年を超えるものは固定負債に分類するルールとなっています。なお、原材料や商品などの仕入代金の未払い分である支払手形や買掛金は流

◉図表1-4　利益と配当、利益剰余金の関係

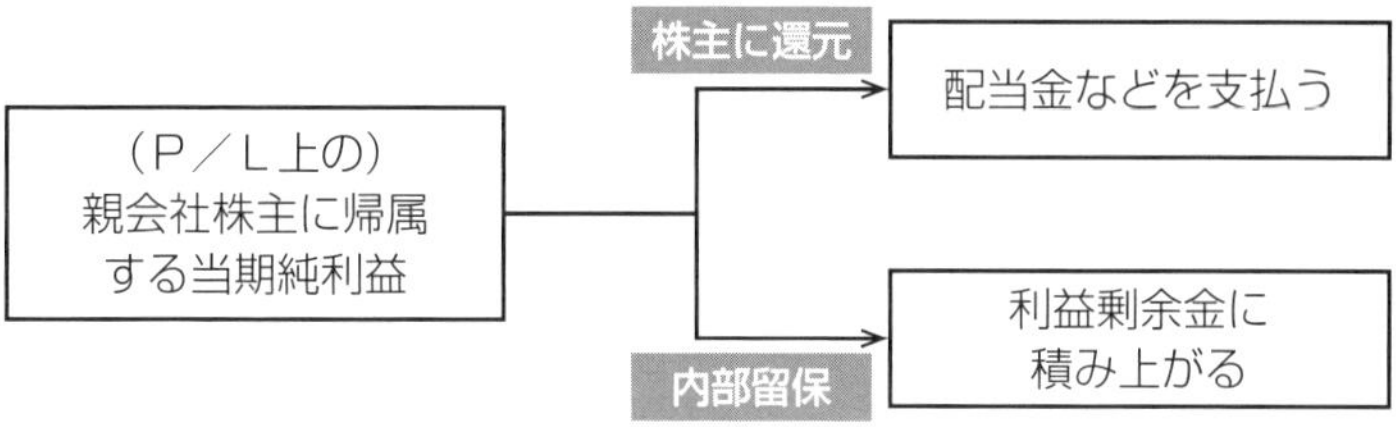

動負債に分類されます。

純資産のセクションには、株主に帰属する資本が表示されています。なかでも、**資本金**および**資本剰余金**は、株主がその会社に対して直接投資したおカネ、すなわち会社が株式を新規発行し、調達した資金が示されています。

また、純資産のセクションの**利益剰余金**もファイナンスの結果を理解するうえで重要です。利益剰余金は、これまで会社が上げてきた利益（35ページで説明するP／Lにおける「親会社株主に帰属する当期純利益」）のうち、株主に還元せず、事業等に再投資した分（いわゆる「**内部留保**」）を示しています（図表1－4）。毎年計上された**利益を配当などに回すのか、利益剰余金に回すのかによって利益剰余金の金額が変わります。**

特に、優良企業と言われるような会社の場合、利益剰余金が非常に大きくなり、その結果B／Sの右側において純資産が占める割合が大きくなる（負債の割合が小さくなる）傾向にあります。これは、これまでに上げた利益を内部留保に回すことで投資に必要な資金をカバーすることができ、借入金に頼らずに済むためです。

次に、B／Sの左側に目を向けてみましょう。B／Sの左側には、その会社が投資した資産が記載されています。資産は、さらに**流動資産**と**固定資産**に分かれています（26ページの図表1－3）。流動資産は、短期間のうち（多くの場合、1年以内）に現金化される資産が分類されます。例えば、現金そのものや、売上代金の未回収分である受取手形や売掛金、短期保有目的の有価証券（株式など）、棚卸資産（在庫）などが流動資産となります。

固定資産には、短期間のうちには現金化することを想定していない資産が分類されます。固定資産のなかでも、**有形固定資産**には土地や建物などの形のある固定資産が、**無形固定資産**にはソフトウェアなどの形がない固定資産が分類されます。また、**投資その他の資産**には短期間での売買を想定していない投資有価証券などが該当します。

無形固定資産のなかで特に気をつけてほしいのは、「**のれん**」です。のれんとは、会社が買収（M&A）を行なったときの買収価額と買収対象会社の（時価ベースの）純資産との差額を示しています。M&Aを行なうときの買収価額の算定方法については第5章で改めて取り扱いますが、買収価額は時価ベースの純資産の金額を上回ることが多いため、その場合は買収を行なった側の会社のB／Sの左側にのれんが計上されます。買収対象会社の資産から負債を差し引いた価値以上に上乗せされた評価部分が、のれんという形で無形固定資産に計上されているのです。

したがって、**多額ののれんが無形固定資産に計上されている場合には、その会社が過去**

◉図表1-5　資生堂の要約連結B／S（2016年12月期）

科目	金額（十億円）	科目	金額（十億円）
（資産の部）		（負債の部）	
流動資産	**444**	流動負債	**247**
現預金	120	支払手形・買掛金	51
受取手形・売掛金	137	電子記録債務	32
棚卸資産	116	短期借入金など	17
その他	71	未払金	43
		返品調整引当金	13
固定資産	**502**	賞与引当金	22
有形固定資産	**156**	その他	68
建物・構築物	58		
機械装置・運搬具	15	固定負債	**285**
工具・器具備品	24	社債	40
土地	37	長期借入金	62
その他	22	長期未払金	53
		退職給付に係る負債	94
無形固定資産	**246**	その他	36
のれん	60	負債合計	**532**
商標権	146	（純資産の部）	
その他	40	資本金	65
		資本剰余金	71
投資その他の資産	**100**	利益剰余金	258
投資有価証券	25	自己株式	−1
その他	75	その他の包括利益累計額	1
		新株予約権	1
		非支配株主持分	20
		純資産合計	**414**
資産合計	**946**	負債純資産合計	**946**

に大型M&Aを行なった可能性が高いことを念頭に置く必要があります。

さて、B／Sの全体像について概観したところで、実際の企業のB／Sを見てみます。図表1－5は、化粧品メーカーである**資生堂**の要約連結B／Sです。連結B／Sというのは、資生堂の本社だけではなく、子会社などの関係会社も含めた資生堂のグループ全体のB／Sのことです。

なお、同図表中で金額を太字にしているのは各資産や負債などの合計金額です。また、合計金額の下1ケタに誤差が出ている場合があります。これは、小数点以下の端数を四捨五入しているためです。また、金額が十億円単位で表記されていますが、これは数字のカ

◉図表1-6　資生堂の連結B／Sの比例縮尺図（2016年12月期）

（単位：十億円）

ンマを3ケタごとに打っていく形に合わせた単位になっているからです。したがって、多くの財務諸表の単位は、千円、百万円、十億円といった単位で記載されています。

B／S（貸借対照表）に限りませんが、財務諸表を読むときには、まず主要な項目に着目します。B／Sの場合、前ページの図表1－5の太枠で示した「流動資産」「有形固定資産」「無形固定資産」「投資その他の資産」「流動負債」「固定負債」「純資産合計」の7項目を押さえます。

これらの項目が、資産合計（負債純資産合計）において、どれくらいの割合を占めているのかを把握することによって、B／Sの全体像が見えてきます。

B／Sの構造を視覚的にとらえるうえで役に立つのが、「**比例縮尺図**」です。

比例縮尺図というのは、金額に比例した面積を各項目（科目）に割り当て、財務諸表を視覚的に理解できるように工夫した図のことです。

この比例縮尺図を使えば、B／Sに慣れていない人でも、その構造をつかみやすくなります。

図表1－6は、資生堂の連結B／Sを比例縮尺図にしたものです。

同図表を見てみると、左側の資産で最も大きいのは流動資産（4440億円）、次いで無形固定資産（2460億円）となっています。

資生堂は化粧品メーカーですから、化粧品の在庫を持っているはずです。また、取引先に対する売上債権（受取手形・売掛金）を保有しているという仮説を立てることができます。29ページの図表1－5を見てみると、これらの項目の金額が大きくなっており、仮説が正しいことがわかります。

無形固定資産については、図表1－5を見ると、のれんと商標権が計上されています。これらは、資生堂がこれまでM&Aやブランドの買い取りを行なった際に計上されたものだと推測されます。

実際、資生堂は2010年には米国で自然派化粧品事業を展開するベアエッセンシャル社を1800億円で買収し、2016年にも米国でスキンケアブランドを展開するガーウイッチ社を買収しています。また、2015年にはフランスの化粧品ブランド「セルジュルタンス」を買い取りました。これらのM&Aやブランドの買い取りに伴うのれんや商標権が無形固定資産に計上されていると読み解くことができます。

有形固定資産の割合は比較的小さく、金額としては1560億円が計上されています。

資生堂は製造業に属する会社のため、製造用の工場や設備を抱える必要があるはずですが、化粧品を製造するにはそれほど大規模な工場設備を必要としないと推測されます。

次に、30ページの図表1－6の右側（負債と純資産）を見ていきます。純資産の金額は4140億円（負債純資産合計の43・8％）を占めています。また、固定負債は2850億円（同30・1％）、流動負債は2470億円（同26・1％）となっています。

さらに、29ページの図表1－5も併せて見てみると、流動負債における有利子負債（借入金など、利息が発生する負債）の金額はあまり大きくはありませんが、固定負債には長期借入金（620億円）や社債（400億円）が計上されていることから、有利子負債による資金調達も活用していることがわかります。

以上のように見てくると、B／Sにはその会社がどのような手段で事業に必要な資金を調達し、その資金をどのような使途に振り向けているのか、どのような投資を行なっているのかが表れていることが理解できます。つまり、様々なファイナンスの意思決定の結果が、B／Sには示されているのです。

■損益計算書（P／L）

続いて、損益計算書（P／L）について説明していきます。P／Lを作成する目的は、

◉図表1-7　P／Lの基本構造

Ⅰ 売上高	← トップライン
Ⅱ 売上原価	
売上総利益	← （＝Ⅰ－Ⅱ）
Ⅲ 販売費及び一般管理費	
営業利益	← （＝売上総利益－Ⅲ）
Ⅳ 営業外収益	
Ⅴ 営業外費用	
経常利益	← （＝営業利益＋Ⅳ－Ⅴ）
Ⅵ 特別利益	
Ⅶ 特別損失	
税金等調整前当期純利益	← （＝経常利益＋Ⅵ－Ⅶ）
法人税、住民税及び事業税	
法人税等調整額	
非支配株主に帰属する当期純利益〔少数株主利益〕	
親会社株主に帰属する当期純利益〔当期純利益〕	← ボトムライン

注：〔　〕内は、2016年３月期以前の名称

1年間の収益（売上高など）と費用を記録し、会社が上げた利益を計算することにあります。

P／Lの基本構造は、図表1－7のようになります。2016年3月期からは、P／Lの構造が一部変更になっていますので、変更前と変更後の構造を比較しながら見ていきましょう。

まず、一番上に表示されているのが売上高です。この売上高は、「**トップライン**」とも呼ばれます。商品や製品、サービスの販売による売上がここに表示されます。

また、金融業や不動産などの販売仲介業における販売手数料なども営業収入としてこの部分に表示されます。これらの売上高や営業収入を合計したものが**営業**

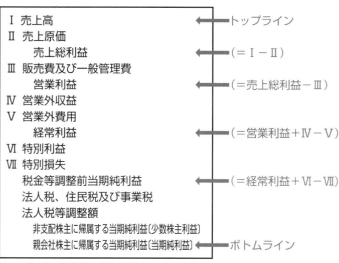

収益と呼ばれます。営業収益から費用を差し引いた利益と営業収益は別のものですので、注意してください。

次に出てくるのが**売上原価**です。これは、商品や原材料などの仕入れにかかる費用や、工場における製品製造にかかる人件費や減価償却費などが表示されています。そして、売上高から売上原価を差し引いたものが**売上総利益**となります。

その下は、**販売費及び一般管理費**（通称「**販管費**」）となります。販管費は、会社が本業を行なううえで必要な、売上原価以外の費用のことです。本社や支社、営業所などでかかる人件費や賃借料、研究開発費、広告宣伝費のほか、**減価償却費**などが販管費に含まれます。減価償却費とは、会社が保有する有形固定資産（建物や設備など）を使用することで価値が減少する分を費用として計上したもので、通常は販管費のほか、売上原価にも含まれます。なお、**減価償却費はP／L上の費用に該当しますが、キャッシュ・アウト（現金支出）は伴いません。**

そして、売上総利益から販管費を差し引いたものが、**営業利益**となります。

次に現れるのが、**営業外収益**と**営業外費用**です。ここで言う「営業」とは、会社の本業という意味で、いわゆる販売に関わる営業活動のことを指しているわけではないので、注意してください。

この営業外収益と営業外費用には、毎年行なわれる経常的な活動に伴うものが計上されます。具体的に言えば、営業外収益には貸付金などから発生する受取利息、株式保有に伴う受取配当金などが、営業外費用には借入れに伴う支払利息などが計上されます。営業利益に営業外収益を足して、営業外費用を差し引いたものが**経常利益**となります。

経常利益の下には、**特別利益**と**特別損失**があります。これらは、営業外収益や営業外費用とは異なり、その年限りの臨時の利益や損失が該当します。例えば、震災のような災害に伴う損失は特別損失に計上されます。また、保有不動産などの売却によって生じる一時的な利益は、特別利益に計上されます。経常利益に特別利益および特別損失を足し引きしたものが、**税金等調整前当期純利益**となります。

2016年3月期以前のP／Lでは、税金等調整前当期純利益から税金を調整し、**少数株主利益**を差し引いたものが**当期純利益**となっていました。少数株主利益というのは、グループ子会社の利益のうち、親会社以外の株主に帰属する利益のことを指しており、これを差し引くことで親会社株主に帰属する利益を計算していました。

一方、2016年3月期からのP／Lでは、少数株主利益は「**非支配株主に帰属する当期純利益**」という名称に変更されています。また、従来の当期純利益は「**親会社株主に帰属する当期純利益**」となっています。なお、2016年3月期からのP／Lにおける「当期純利益」は、変更前の「少数株主損益調整前当期純利益」に相当するもので、2016年3月期以前の当期純利益とは違いますので注意してください。

２０１６年３月期以前の当期純利益と２０１６年３月期からの親会社株主に帰属する当期純利益は、Ｐ／Ｌの一番下に位置しているため、「**ボトムライン**」とも呼ばれます。

このように、Ｐ／Ｌでは営業利益までで本業に関する利益を、経常利益までで経常的な利益を、親会社株主に帰属する当期純利益までで最終利益を、というように段階的に利益を計算する構造になっています。そして、収益よりも費用が大きい場合、**損失**（いわゆる**赤字**）が計上されることになります。なお、27ページでも説明しましたが、最終利益である親会社株主に帰属する当期純利益（制度変更前の当期純利益）は、親会社の株主にとっての利益であり、配当金などを支払うための原資となります。

それでは、ここまでに説明してきたＰ／Ｌの構造を踏まえ、実際のＰ／Ｌを見ていきましょう。

図表１-８は、資生堂の要約連結Ｐ／Ｌです。ここでは、太枠で囲った「売上高」「売上原価」「販売費及び一般管理費（販管費）」「営業外収益」「営業外費用」「特別利益」「特別損失」「税金等調整前当期純利益」の８項目に着目します。

これらの項目を使って、Ｐ／Ｌの比例縮尺図をつくると、図表１-９のようになります（税金等調整前当期純利益は「税前利益」と略記しています）。

ここで気をつけなければいけないのは、**売上高、営業外収益、特別利益を右側に**、**売上原価、販管費、営業外費用、特別損失、税前利益を左側に分類する**ことです。なぜ収益項

◉図表1-8　資生堂の要約連結Ｐ／Ｌ（2016年12月期）

科目	金額（十億円）
売上高	850
売上原価	208
売上総利益	**643**
販売費及び一般管理費	**606**
媒体費	53
見本品・販売用具費	45
給与・賞与	159
退職給付費用	12
研究開発費	18
その他	319
営業利益	**37**
営業外収益	4
営業外費用	4
経常利益	**37**
特別利益	18
特別損失	6
税金等調整前当期純利益	**50**
法人税、住民税及び事業税	18
法人税等調整額	−2
非支配株主に帰属する当期純利益	2
親会社株主に帰属する当期純利益	**32**

◉図表1-9　資生堂の連結Ｐ／Ｌの比例縮尺図（2016年12月期）

（単位：十億円）

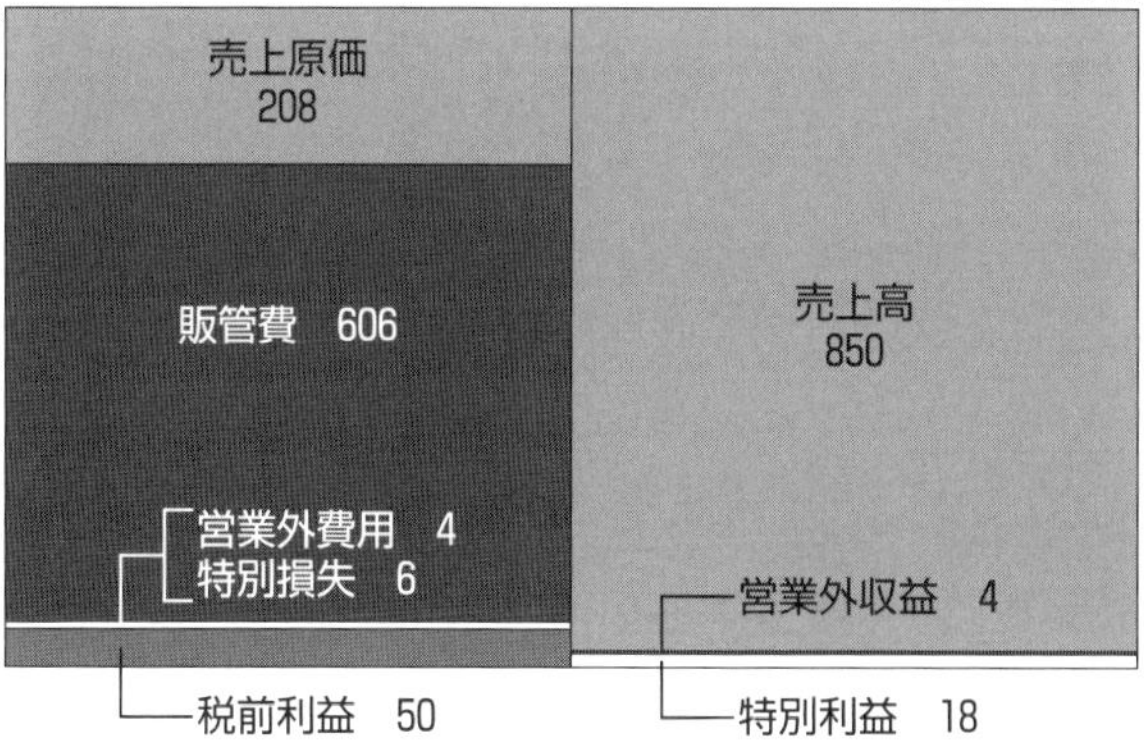

目を右側に、費用項目を左側にするのかというと、簿記のルールに従っているからなのですが、ここではとりあえず、そういうものだと覚えてしまいましょう。

また、税前利益が左側に表示されているのは、収益から費用を差し引いた残りが利益になるためです。もし、損失が出ている場合には、税金等調整前当期純損失が比例縮尺図の右下に表示されることになります。

さて、資生堂のP／Lの中身を見ていきましょう。

まず、売上高は8500億円計上されているのに対し、売上原価は2080億円となっています。売上高に対する売上原価の割合（原価率）は24・5％です。**製造業の原価率は一般的に75％前後**ですから、これは随分低い水準です。化粧品の原価率は一般的なメーカーよりもはるかに低いのです。

一方、販管費の金額は6060億円で、これは売上高の71・3％に相当します。**製造業の販管費は売上高の20％程度**ですから、資生堂の販管費の水準はかなり高いことが読み取れます。

販管費の水準が高い理由は何でしょうか。

図表1－8で販管費の内訳を見てみましょう。金額として大きいのは、給与・賞与、そして媒体費、見本品・販売用具費です。化粧品を販売するための人件費、広告宣伝、そしてサンプル品や販売に使う消耗品などのコストがかかっていることがわかります。

化粧品は、製造にかかる原価が低い一方で、販売におカネをかけるビジネスモデルになっています。このあたりは、百貨店などでの化粧品の販売形態を思い起こせば納得のいくところです。

そして、図表1－9の左下にある税前利益（税金等調整前当期純利益）から税金や非支配株主に帰属する当期純利益を調整した後の、親会社株主に帰属する当期純利益が株主に配当するための原資になるというわけです。

キャッシュ・フロー計算書

3つの基本財務諸表の最後の1つである、キャッシュ・フロー計算書についても見ていきましょう。

キャッシュ・フロー計算書に表示されているのは、1年間を通じた現金の収支です。キャッシュ・フロー計算書の作成が上場企業に義務づけられたのは2000年3月期からなのですが、その理由は何でしょうか。

それは、P／L上は黒字であっても現金が足らなくなる、「**勘定合って銭足らず**」という状態が起こりうるからです。詳しくは第2章で説明しますが、P／L上は黒字であるにもかかわらず、倒産してしまう「**黒字倒産**」という事例もあります。

◉図表1-10　連結キャッシュ・フロー計算書の基本構造

Ⅰ　営業活動によるキャッシュ・フロー 　税金等調整前当期純利益 　減価償却費 　… 　小計 　… 　営業活動によるキャッシュ・フロー
Ⅱ　投資活動によるキャッシュ・フロー 　有形固定資産の取得による支出 　有形固定資産の売却による収入 　… 　投資活動によるキャッシュ・フロー
Ⅲ　財務活動によるキャッシュ・フロー 　短期借入金の純増減額 　長期借入れによる収入 　… 　財務活動によるキャッシュ・フロー
Ⅳ　現金及び現金同等物に係る換算差額
Ⅴ　現金及び現金同等物の増減額
Ⅵ　現金及び現金同等物の期首残高
Ⅶ　現金及び現金同等物の期末残高

支払いに必要な現金が不足しないように現金残高をコントロールすることはファイナンスにおいて非常に重要です。ですから、こうしたキャッシュ・フローの状況を表示するキャッシュ・フロー計算書の作成が上場企業に義務づけられるようになったのです。

　キャッシュ・フロー計算書の基本構造は、図表1－10のようになります。キャッシュ・フロー計算書は、大きく分けて**営業活動によるキャッシュ・フロー**、**投資活動によるキャッシュ・フロー**、**財務活動によるキャッシュ・フロー**の3つのパートで構成されています。

営業活動によるキャッシュ・フローでは、会社の本業でどれだけキャッシュを稼ぐことができたのかが示されています。会社が存続していくためには、会社の本業でキャッシュを稼がなくてはいけませんから、**通常は営業活動によるキャッシュ・フローはプラスになっている必要があります。**

営業活動によるキャッシュ・フローを見ると、税金等調整前当期純利益からスタートし、減価償却費などの調整項目を足し引きしてキャッシュ・フロー情報を表示しています。これは、営業活動によるキャッシュ・フローが「**間接法**」によって作成されているからです。詳しくはこれも第２章で解説しますが、間接法とは、利益とキャッシュ・フローの間にあるズレを調整してキャッシュ・フローを計算する方法です。営業活動に関わる取引ごとの収支を表示する**直接法**よりも、企業にとっての作成が容易であるために、**ほとんどの会社では、営業活動によるキャッシュ・フローを間接法によって作成しています。**

投資活動によるキャッシュ・フローでは、固定資産や投資有価証券の取得・売却による収支を表示しています。ここでは、会社が必要とする経営資源に対し、どれくらいの投資を行なっているかがわかります。**成長期の会社では投資活動によるキャッシュ・フローのマイナス額（純投資額）が相対的に大きくなり、成熟期の会社では相対的に小さくなる傾向があります。**

3つ目の財務活動によるキャッシュ・フローでは、企業の財務活動によって生じた収支を表示しています。具体的には、借入れなどに伴う資金調達や、借入金返済や配当金などの支払いに伴う支出が計上されます。**成長企業では資金需要が旺盛であるために財務活動によるキャッシュ・フローがプラスになり（追加での資金調達を行なっていることを示す）、成熟企業ではマイナスになる（余ったキャッシュ・フローを借入金の返済や配当金の支払いなどに充てていることを示す）傾向があります。**

それでは、資生堂のキャッシュ・フロー計算書（図表1－11）を見ていきましょう。ここで**着目すべきは、上から「営業活動によるキャッシュ・フロー」「投資活動によるキャッシュ・フロー」「財務活動によるキャッシュ・フロー」「現金及び現金同等物の期首残高」「現金及び現金同等物の期末残高」の5項目**（同図表の太枠で囲った部分）です。

キャッシュ・フロー計算書も図にするとよいのですが、B／SやP／Lとは違って、キャッシュ・フロー計算書は「**ウォーター・フォール・チャート**」に落とし込むとわかりやすく表示することができます。

このウォーター・フォール・チャートは、期首に保有している現金が、営業活動、投資活動、財務活動によってどのように増減したのかを示すグラフです。

資生堂のキャッシュ・フロー計算書をウォーター・フォール・チャートに表したのが、図表1－12です。基本的に、期首の現金残高に3つのキャッシュ・フローを足し合わせた

◉図表1-11　資生堂の要約連結キャッシュ・フロー計算書(2016年12月期)

科目	金額（十億円）
営業活動によるキャッシュ・フロー	
税金等調整前当期純利益	50
減価償却費	34
⋮	⋮
売上債権の増減額（マイナスは増加）	−11
棚卸資産の増減額（マイナスは増加）	−10
仕入債務の増減額（マイナスは減少）	19
その他	3
小計	**75**
利息及び配当金の受取額	2
利息の支払額	−1
法人税等の支払額	−16
営業活動によるキャッシュ・フロー	**59**
投資活動によるキャッシュ・フロー	
⋮	⋮
有形固定資産の取得による支出	−31
⋮	⋮
無形固定資産の取得による支出	−32
⋮	⋮
連結の範囲変更を伴う子会社株式の取得による支出	−24
⋮	⋮
投資活動によるキャッシュ・フロー	**−71**
財務活動によるキャッシュ・フロー	
⋮	⋮
長期借入れによる収入	30
⋮	⋮
財務活動によるキャッシュ・フロー	**22**
現金及び現金同等物に係る換算差額	−3
現金及び現金同等物の増減額	**8**
現金及び現金同等物の期首残高	**105**
現金及び現金同等物の期末残高	**113**

◉図表1-12　資生堂の連結キャッシュ・フロー計算書の ウォーター・フォール・チャート(2016年12月期)

（単位：十億円）

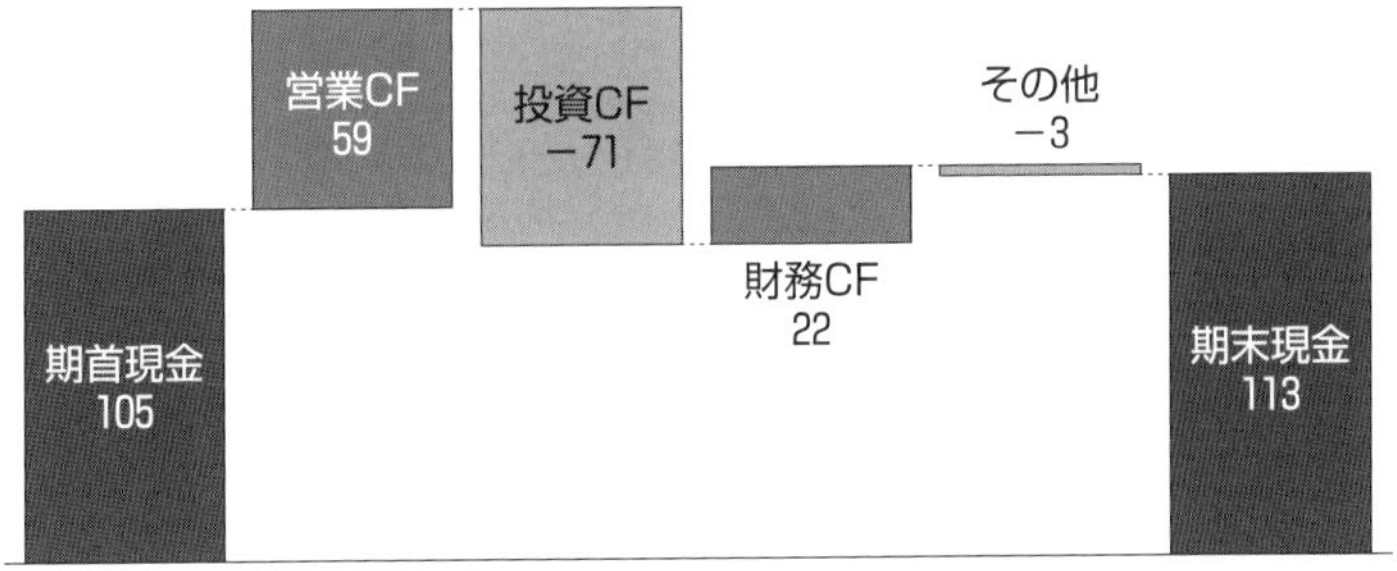

ものが期末の現金残高になるのですが、正確にはそこに「現金及び現金同等物にかかる換算差額」を加味しないと期末残高に一致しませんので、その項目を「その他」として足し合わせて図を作成しています。グラフの一番左は期首における現金残高（期首現金）を、一番右は期末における現金残高（期末現金）を表しています。

この図を見ると、資生堂は営業活動によるキャッシュ・フローで獲得した以上のキャッシュを投資に回していることがわかります。そして、不足したキャッシュについては財務活動によって調達していることも読み取ることができます。前ページの図表1－11によると、資生堂は有形固定資産や無形固定資産、子会社株式の取得に対して現金を支出しており、こうした投資に対して営業活動によるキャッシュ・フローや財務活動によるキャッシュ・フローを充てているのです。

ここまで説明してきたように、キャッシュ・フロー計算書には、営業活動、投資活動、財務活動に関わるキャッシュの動きが表示されています。ファイナンスの役割は、会社におけるおカネの流れをコントロールすることですから、ファイナンスにおける意思決定の結果は、ほぼすべてがキャッシュ・フロー計算書に表れていると言ってもよいでしょう。

ファイナンスと財務諸表のつながりをイメージする

改めてファイナンスと財務諸表の関係を整理する

ここまでに説明した財務諸表の内容を踏まえて、改めてファイナンスと財務諸表のつながりをまとめたものが次ページの図表1-13です。同図表中の①〜⑤のようにまとめたファイナンスの意思決定が、基本財務諸表に結果として表れていることがわかります。改めて、それぞれのつながりについて整理しておきます。

資金調達と財務諸表の関係

資金調達の結果は、B／Sの右側に表れます。そして、キャッシュ・フロー計算書の財務活動によるキャッシュ・フローのところにも、どのような資金調達を行なったのかが示されることになります（同図表の①参照）。

◉図表1-13　ファイナンスと基本財務諸表のつながり

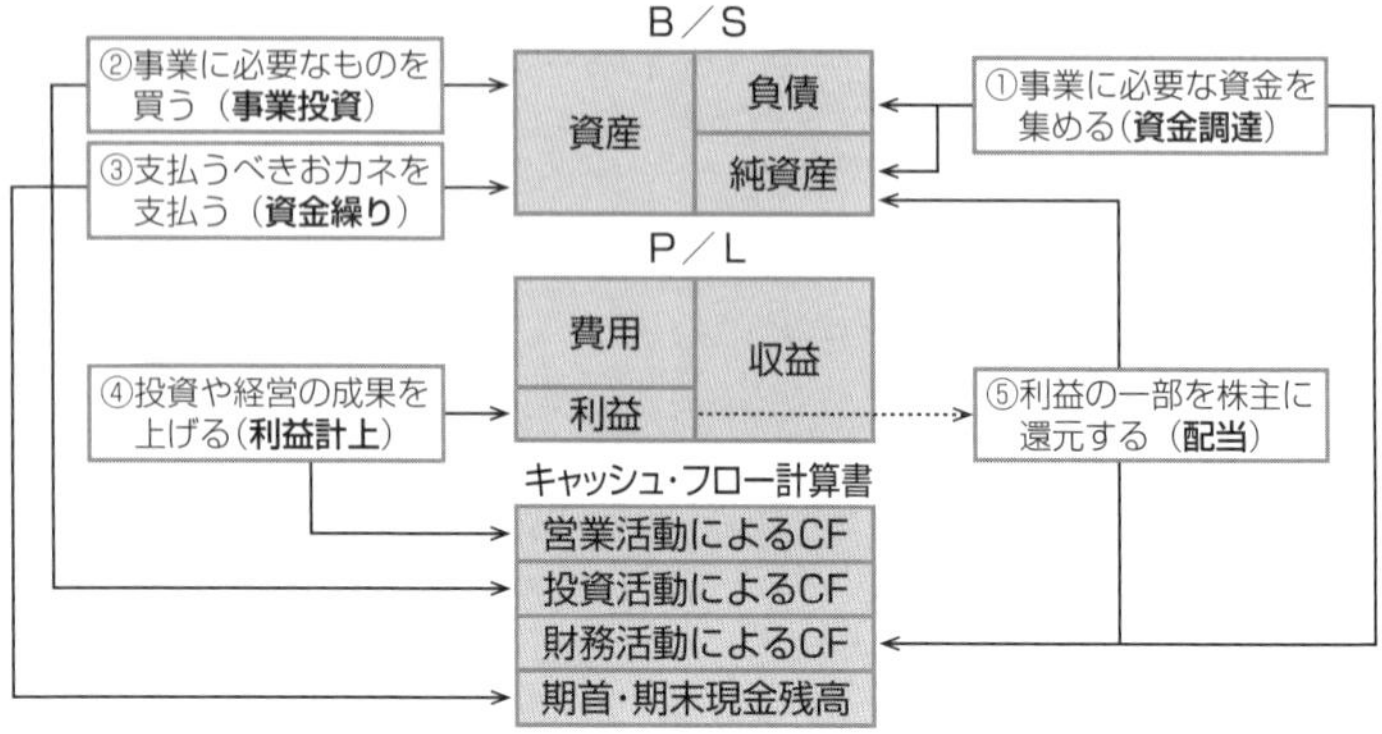

■事業投資と財務諸表の関係

事業投資の結果は、B／Sの左側に表れます。どのような資産に投資したのか、そしてそれがどのようにストックされているのかがB／Sに表示されています。また、その年の投資の意思決定の結果は、キャッシュ・フロー計算書の投資活動によるキャッシュ・フローのところにも表れています（同図表の②参照）。

■資金繰りと財務諸表の関係

資金繰りの結果に関しては、B／Sの現金および預金のところに表れます。手元現金の量は、その会社の資金繰りと密接に関わっています。また、キャッシュ・フロー計算書全体に資金繰りの結果が表れることになります（同図表の③参照）。

成果（利益）と配当と財務諸表の関係

投資・経営の成果としての利益は、Ｐ／Ｌにおいて示されることになります。また、成果を本業で得られたキャッシュ・フローとしてとらえる場合、それはキャッシュ・フロー計算書の営業活動によるキャッシュ・フローのところに結果として表れます（同図表の④参照）。

そして、その利益は配当と内部留保に充てられ、内部留保に充てられた部分はＢ／Ｓの利益剰余金に積み上がることになります（同図表の⑤参照）。

ファイナンスは経営に活用できる

どのような局面でファイナンスは活用できるのか？

ここまで、ファイナンスを理解するうえで最低限必要な会計知識と、ファイナンスと財務諸表の関係について説明してきました。ファイナンスの意思決定が結果として財務諸表に表れることは理解してもらえたと思います。

では、ファイナンスは経営において、どのように活用することができるのでしょうか。大きく分けて、4つの局面でファイナンスを活用することができます。ここでは、それらの活用例について1つずつ見ていくことにしましょう。

ファイナンスは資金繰り、キャッシュ・フロー、利益に効く

詳しくは第2章で取り上げますが、ファイナンスの重要な機能の1つは資金繰りの管理です。資金繰りは、「短期的なキャッシュ・フローのマネジメント」と言い換えてもよい

でしょう。そして、キャッシュ・フロー計算書のところでも述べたように、キャッシュ・フローと利益は一致しませんが、利益は本業からのキャッシュ・フローを生み出す源泉になっています。

「どのように利益を生み出すべきか？」ということは、学問領域で言えばファイナンスというより管理会計に属する問題になります。しかし、本書ではこうした学問領域による区分にこだわることなく、利益とキャッシュ・フロー、そして資金繰りを結びつけて実務における活用法を紹介していきます。

ファイナンスの視点を持てばKPIの見方が変わる

「はじめに」のところでも述べたように、会社では様々なKPI（業績評価指標）が使われています。

そのうち、**近年注目されているのは、FCF（フリー・キャッシュ・フロー）、ROE（自己資本利益率）、ROA（総資産利益率）、ROIC（投下資本利益率）、EVA（経済的付加価値）、CCC（キャッシュ・コンバージョン・サイクル）といった、資本効率やキャッシュ・フローの視点を加味した指標**です。これらの指標の多くには、会社が調達したおカネをいかに効率的に使っているか、というファイナンスの視点が含まれています。

したがって、ファイナンスの考え方を身につけておけば、こうした指標の意味合いを深く読み取ることができるようになります。こうしたテーマについては、本書の第4章で取り上げます。

ファイナンスとM&A、事業投資

ファイナンスにおける重要なテーマの1つは、**事業投資の意思決定をどのように行なうべきか**、というものです。

ファイナンスの世界では、「**NPV（正味現在価値）法**」と呼ばれる手法などで投資案件を評価します。また、**おカネの現在価値という考え方は、M&Aにおける買収対象の価値算定（値づけ）にも応用することができます**。本書の第5章では、こうした投資の評価、M&Aにおける価値算定手法と企業のM&A戦略との関わりについても解説します。

ファイナンス戦略を読み解く

企業のファイナンス戦略（財務戦略）を考えるときのポイントとしては、**資本構成をどうするべきか（どのように資金調達するべきか）、配当政策をどうするべきか（株主に利**

益をどう還元するべきか）といった点が挙げられます。

ファイナンスに関する意思決定は、一般のビジネスパーソンから見ると少し遠い場所で行なわれていることのように思われるかもしれません。しかし、新聞やビジネス雑誌には、こうしたファイナンス戦略に関する記事が数多く掲載されていることは皆さんもご存知だと思います。

一見難解なファイナンス戦略も、ファイナンスの考え方を身につけていれば、深く読み解くことが可能です。もちろん、こうした読み解き方は、あなたが財務に関する意思決定を行なう立場になったときにも役立てることができます。

本書の第6章では、こうしたファイナンス戦略の読み解き方を、皆さんと一緒に考えていきたいと思います。

コンサル File1

会計&ファイナンスはビジネスキャリアにどう活かせるか？

ＭＢＡ（経営大学院）に通学する社会人学生と話をしていると、会計やファイナンスに苦手意識を持っているケースが少なくありません。こうした人たちは、マーケティングや経営戦略、組織や人材マネジメントなどには強い関心を持っているのですが、数字が絡む会計やファイナンスはできれば避けて通りたいと思っているようです。

私が経営コンサルティング会社に勤務していたころも、若手コンサルタントのなかには会計やファイナンスを苦手にしている人たちがいました。あるとき、こうした若いコンサルタントから「なぜ土地は減価償却しないのですか？」という質問をされたことがあります。

これは、ある意味、減価償却の本質を突いたよい質問です。**土地は使っても価値の減らない有形固定資産ですから、減価償却の対象とはならない**のです。しかし、このような質問をクライアントの経理部長の前でしてしまうと、「ああ、この人は会計のことがわかっていないな」と思われてしまうでしょう（誤解のないように念のため補足しておきますと、プロジェクト・マネジャークラス以上のコンサルタントで、会計やファイナンスがわから

◉図表1-14　ビジネスパーソンに求められる会計&ファイナンスの知識（役職別）

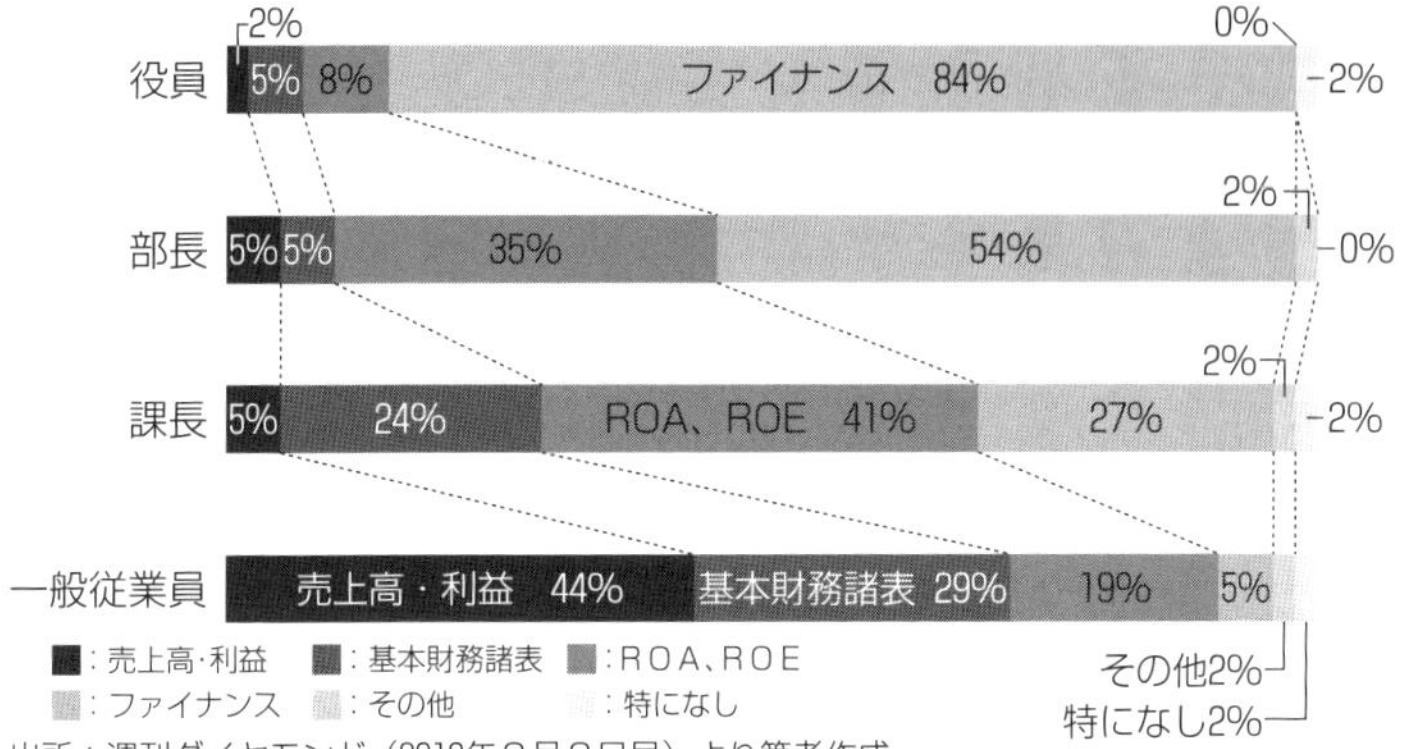

出所：週刊ダイヤモンド（2018年３月３日号）より筆者作成

ないという人はいませんでした）。

仮に事業戦略を策定したとして、その戦略がどのような結果をもたらすのかということをクライアントに伝えるためには、**計数計画**に落とし込むことが必要です。

私自身が駆け出しのコンサルタントだったころ、ある企業の新規事業立案プロジェクトに携わったことがありました。その際、クライアントのCFO（最高財務責任者）から繰り返し指摘されたのは、「その新規事業にはどれだけの投資が必要で、投資後のB／S、P／L、キャッシュ・フローの計画はどうなっているのか？」ということでした。それらの情報が、ビジネス上の裏づけも踏まえて提示されていなければ、経営トップは意思決定をすることができない、というのがその指摘の趣旨だったのです。私は、そのプロジェクトを通じて、**数字の裏づけなき戦略では経営トップを説得することはできない**、ということを肝に銘じることになりました。

前ページの図表1－14は、社員に会計やファイナンスの知識をどれくらい理解していてほしいか、という点についての企業に対するアンケートの結果をまとめたものです。

このアンケートによれば、多くの会社が、一般の従業員レベルでは売上高・利益、基本財務諸表程度の知識を理解していてくれればよいと回答しています。一般従業員にファイナンスの知識までを求める企業は、全体の5％です。

しかし、課長クラス以上では、ファイナンスの知識を求める企業が増えていきます。課長クラスでは27％、部長クラスでは54％、役員クラスでは84％の企業が、ファイナンスの概念や投資評価の方法までを理解しておいてほしいと回答しています。

ＲＯＥやＲＯＡといった指標にいたっては、課長クラスでも41％の企業が必須項目だと回答しています。管理職以上では、会計やファイナンスの知識がビジネスの常識として求められているのです。

私がＭＢＡコースの学生だった20年あまり前、日本でファイナンスを理解しているのは、ＭＢＡを取得しているようなごく一握りの人たちでした。しかし、現在では一般企業においても、役職者にはファイナンスの知識が当たり前のように求められるようになっています。いまや、**「ファイナンスは出世のためのパスポートの1つである」**と言っても過言ではないのかもしれません。

第2章

利益とキャッシュ・フローを読み解く

―キャッシュ・フローをマネジメントする方法

この章で身につける「武器」

- ☑費用構造のとらえ方
- ☑ビジネスモデルから損益分岐点をイメージするコツ
- ☑見かけの利益にだまされない方法
- ☑黒字倒産の見抜き方と防ぎ方
- ☑キャッシュ・フローを増やすための方法

利益構造の考え方

売上と費用は連動するのか?

本章では、利益とキャッシュ・フローの関係について説明していきますが、そもそも**利益はどのようにして計上されるのか**、その考え方からスタートすることにしましょう。まず手始めに、実際の企業の売上、費用、利益の関係を見ていきます。

図表2－1は、スマートフォン向けのゲームなどを手がけるネットサービス企業、**ディー・エヌ・エー**の業績を、2013年3月期と2017年3月期で比較したものです。なお、ディー・エヌ・エーは2013年3月期より国際会計基準（IFRS）を採用しているため、営業利益を計算するのに「その他の収益」や「その他の費用」を足し引きしていますが、ここではあまり細かい点にはこだわらずに、売上、費用、利益の関係を考えてみましょう。

まず、2013年3月期から見ていきます。このときの売上収益は約2025億円、売上総利益は約1459億円、営業利益は約768億円となっています。

◉図表2-1　ディー・エヌ・エーの業績比較

	2013年3月期（百万円）	対売上収益比	2017年3月期（百万円）	対売上収益比
売上収益	202,467	100.0%	143,806	100.0%
売上原価	56,604	28.0%	56,322	39.2%
売上総利益	145,863	72.0%	87,484	60.8%
販管費	69,075	34.1%	61,740	42.9%
その他の収益	603	0.3%	6,472	4.5%
その他の費用	551	0.3%	9,037	6.3%
営業利益	76,840	38.0%	23,178	16.1%

売上総利益の売上収益に対する割合（**売上高売上総利益率**）は72・0％、営業利益の売上収益に対する割合（**売上高営業利益率**）は38・0％となっています。この当時のディー・エヌ・エーの収益性は非常に高い水準です。

一方、２０１７年3月期はどうでしょうか。売上収益は約１４３８億円で、２０１３年3月期と比較すると約５８７億円の減収となっています。また、売上総利益は約８７５億円、営業利益は約２３２億円となっており、こちらも２０１３年３月期と比較して減益となっています。売上高売上総利益率は60・8％、売上高営業利益率は16・1％で、赤字にはなっていませんが、各利益率は大きく落ち込んでいることがわかります。

これは、同社の主力サービスであるブラウザゲームなどの売上収益が減少し、それに伴って利益が減少してしまったためです。

利益が減少した理由をもう少し詳しく解説しましょ

◉図表2-2　ディー・エヌ・エーの費用内訳

	2013年3月期（百万円）	2017年3月期（百万円）
売上原価	**56,604**	**56,322**
従業員給付費用	4,190	4,002
支払手数料	33,252	24,176
減価償却費及び償却費	5,173	8,897
業務委託費	8,702	10,455
広告媒体費	425	137
賃借料	1,507	2,409
通信費	891	749
その他	2,462	5,497
販売費及び一般管理費	**69,075**	**61,740**
従業員給付費用	10,151	13,587
支払手数料	24,622	24,757
広告宣伝費	11,178	2,776
販売促進費	11,715	8,326
減価償却費及び償却費	827	2,168
業務委託費	2,161	3,098
採用費	1,288	914
賃借料	2,582	2,147
その他	4,551	3,967

う。売上総利益および営業利益を計算する際に差し引く費用である売上原価、販管費を見てみると、売上の減少とは裏腹に、これらの費用は2013年3月期と2017年3月期の間であまり変化していません。

売上収益が減少したにもかかわらず、費用はそれほど減少していないために、利益率が低下してしまったのです。

なぜ、この期間に費用は減少していないのでしょうか。その原因を探るために、売上原価と販管費の内訳（図表2－2）を見てみることにしましょう。なお、売上原価中の支払手数料はゲームデベロッパーへの手数料、販管費中の支払手数料はゲーム内課金の決済関連の費用となっています。売上原価、販管費双方で、この支払手数料のほか、従業員給付費用（従業員給与など）や業務委託費、広告宣伝費や販売促進費などが主だった費用になっています。これらの費用のうち、広告宣伝費や販売促進費は減少していますが、従業員給付費用や業務委託費はむしろ増加しています。また、減価償却費や賃借料も増加傾向にあり、売上とは連動していません。

その結果、２０１７年3月期では、売上収益が大きく減少したにもかかわらず、売上原価や販管費がそれほど減少しなかったために、利益率が大きく低下したのです。

売上高の増減にかかわらず、一定額が計上される傾向を持つ費用のことを、「**固定費**」と呼びます。一方で、売上に比例する形で増減する性格の費用を「**変動費**」と呼びます。企業の利益構造を理解するためには、この固定費と変動費という考え方は極めて重要なものです。

ここまで述べてきたように、ディー・エヌ・エーの費用は売上高にあまり連動していません。したがって、同社における費用の多くは固定費だと推測することができます。

こうした費用の大部分が固定費であるビジネスは、「**固定費型ビジネス**」と呼ばれます。逆に、変動費が費用の大半を占めるようなビジネスは、「**変動費型ビジネス**」と呼ばれます。

ここで留意しなければならないのは、「**変動費、固定費の考え方**」と「**売上原価、販管**

費の考え方」は必ずしもリンクしていないことです。

売上原価は変動費、販管費は固定費という結びつけ方をしている人をときどき見かけますが、これはまったくの誤解です。あくまでも、売上高に連動する傾向のある費用は変動費、売上高に連動せず一定額が計上される傾向にある費用が固定費であるというとらえ方をするべきです。

ディー・エヌ・エーのケースでも、売上原価の大半が変動費ではなく、固定費的な性格を持つ費用であることからも、「**売上原価≠変動費**」であることが理解できるでしょう。

固定費、変動費と損益分岐点

繰り返しになりますが、売上高にかかわらず一定になる傾向がある費用が固定費、売上高に比例する傾向が強い費用が変動費です。また、売上高から変動費を差し引いたものを「**限界利益**」と呼びます。変動費も限界利益も売上高と連動しますから、企業の利益構造を把握するために、それぞれを売上高で割った比率がよく使われます。変動費を売上高で割った数字を「**変動費率**」、限界利益を売上高で割った数字を「**限界利益率**」と呼びます。

固定費型ビジネスでは変動費率が低く、限界利益率が高くなります。逆に、変動費型ビジネスでは変動費率が高く、限界利益率が低くなります。

◉図表2-3　業種別限界利益率と変動費率（抜粋）

業種名	限界利益率	変動費率
飲食料品卸売業	17.1%	82.9%
飲食料品小売業	31.4%	68.6%
総合工事業	35.2%	64.8%
食料品製造業	42.5%	57.5%
宿泊業	79.3%	20.7%
不動産賃貸業・管理業	82.7%	17.3%

注：2016年の期末純資産ならびに税引前当期損益がプラスの企業のデータ
出所：平成29年（2017年）版TKC経営指標（要約版）より筆者作成

図表2－3は、2016年1月期から12月期の決算データに基づいてTKC全国会がまとめた、全国の中小企業における業種別の限界利益率と、それをもとに算出した変動費率を、いくつかの業種について抜粋したものです。

これらの業種のうち、もっとも限界利益率が低い（変動費率が高い）のは、飲食料品卸売業です。飲食料品に限らず、卸売業では一般に限界利益率が低くなります。卸売業は、典型的な変動費型ビジネスです。

一方、宿泊業や不動産賃貸業・管理業における限界利益率は80%前後とかなり高い水準（変動費率は低い水準）となっています。ホテルなどでは宿泊客がいようといまいと運営コストは一定額かかるため、変動費率は低くなる（限界利益率が高くなる）のです。不動産賃貸業も同様です。

他にも、航空会社やテーマパーク、電気、ガス、通信といったインフラ産業、先ほど取り上げたIT産業などでは同じような費用構造になっている会社が多く見られます。

これらの産業は、典型的な固定費型ビジネスだと言えるで

◉図表2-4　損益分岐点図表

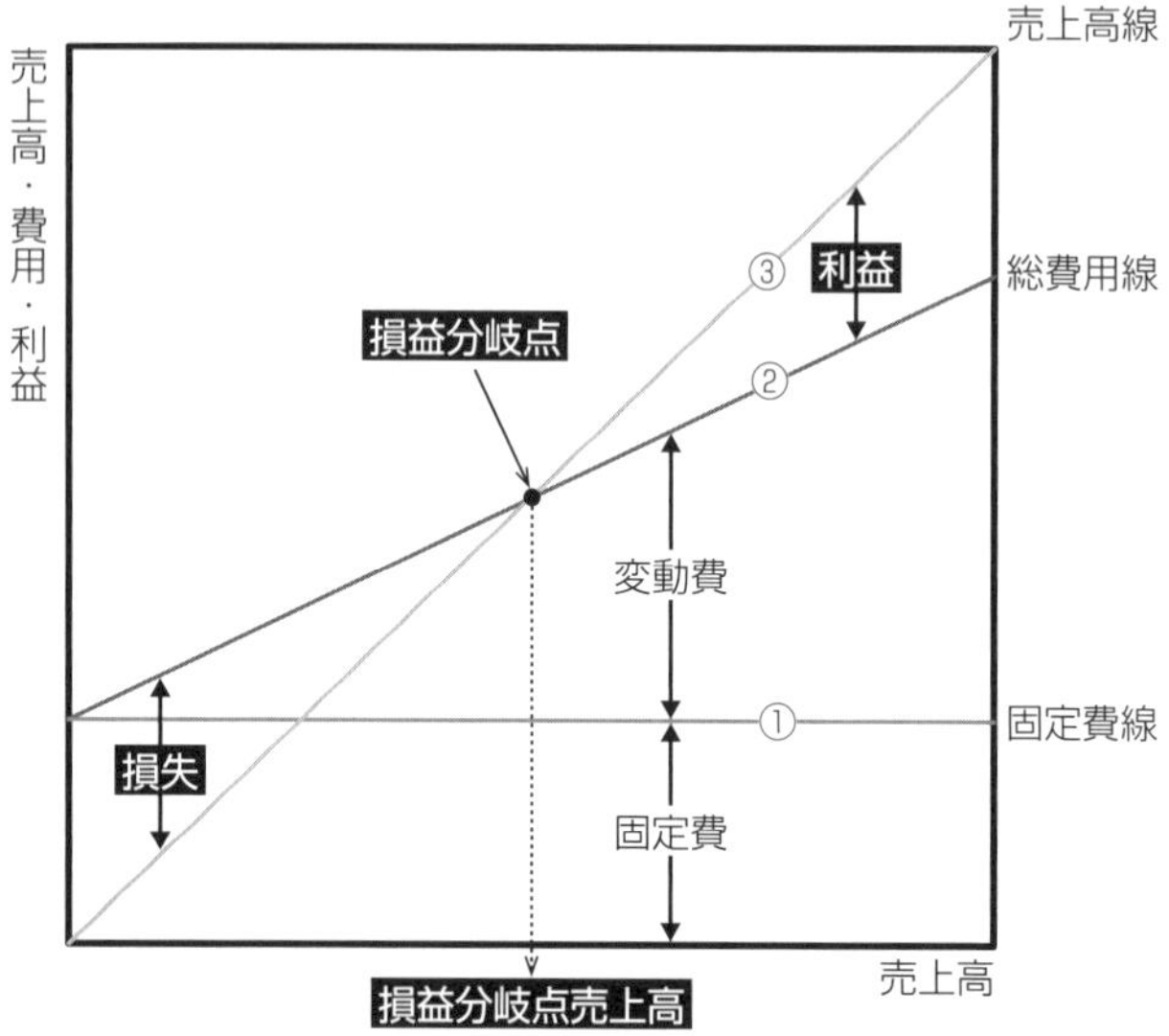

しょう。

では、変動費型ビジネスあるいは固定費型ビジネスでは、どのような利益構造になっているのでしょうか。

こうした利益構造を理解するためによく使われるのが、「**損益分岐点図表**」と呼ばれるものです。

まず、損益分岐点図表の読み方について、図表2－4をもとに説明します。

同図表の横軸は売上高を、縦軸は売上高・費用・利益を表しています。固定費は売上高にかかわらず一定額が計上される費用ですから、横軸の売上高に関係なく一定の金額になります。これをグラフに表すと、①のような直線になります。これを「**固定費線**」と呼びます。

次に、その固定費に変動費を加える

と、売上高との関係は②の直線で表されます。これを「**総費用線**」と呼びます。変動費は売上高に比例しますから、売上高が大きくなるほど、固定費と変動費の合計である総費用は大きくなります。

さらに、費用と売上高の関係を見るために、横軸の売上高の金額と縦軸の金額が等しくなる点を結んだ直線が③です。これを「**売上高線**」と呼んでいます。

売上高が総費用を上回った差額分が利益となり、逆に**売上高が総費用を下回った場合の差額分が損失**となります。

そして、売上高線と総費用線が交わったところ、すなわち売上高と総費用が等しくなる点を「**損益分岐点**」と呼び、損益分岐点での売上高のことを「**損益分岐点売上高**」と呼びます。

損益分岐点売上高を超える売上を上げることができれば利益が計上され、売上が損益分岐点売上高を下回れば損失が計上されることになります。

会社が利益を上げるためには、損益分岐点を上回る売上高を達成する必要があるのです。

では、固定費型ビジネスにおける損益分岐点図表はどのようになるのでしょうか。次ページの図表2－5は、固定費型ビジネスにおける損益分岐点図表の例です。

図表2－4に比べて、固定費線（①）が上に上がっています。また、固定費型ビジネスでは変動費が小さくなるので、総費用線（②）の傾きが緩やかになっています。

◉図表2-5　損益分岐点図表（固定費型ビジネス）

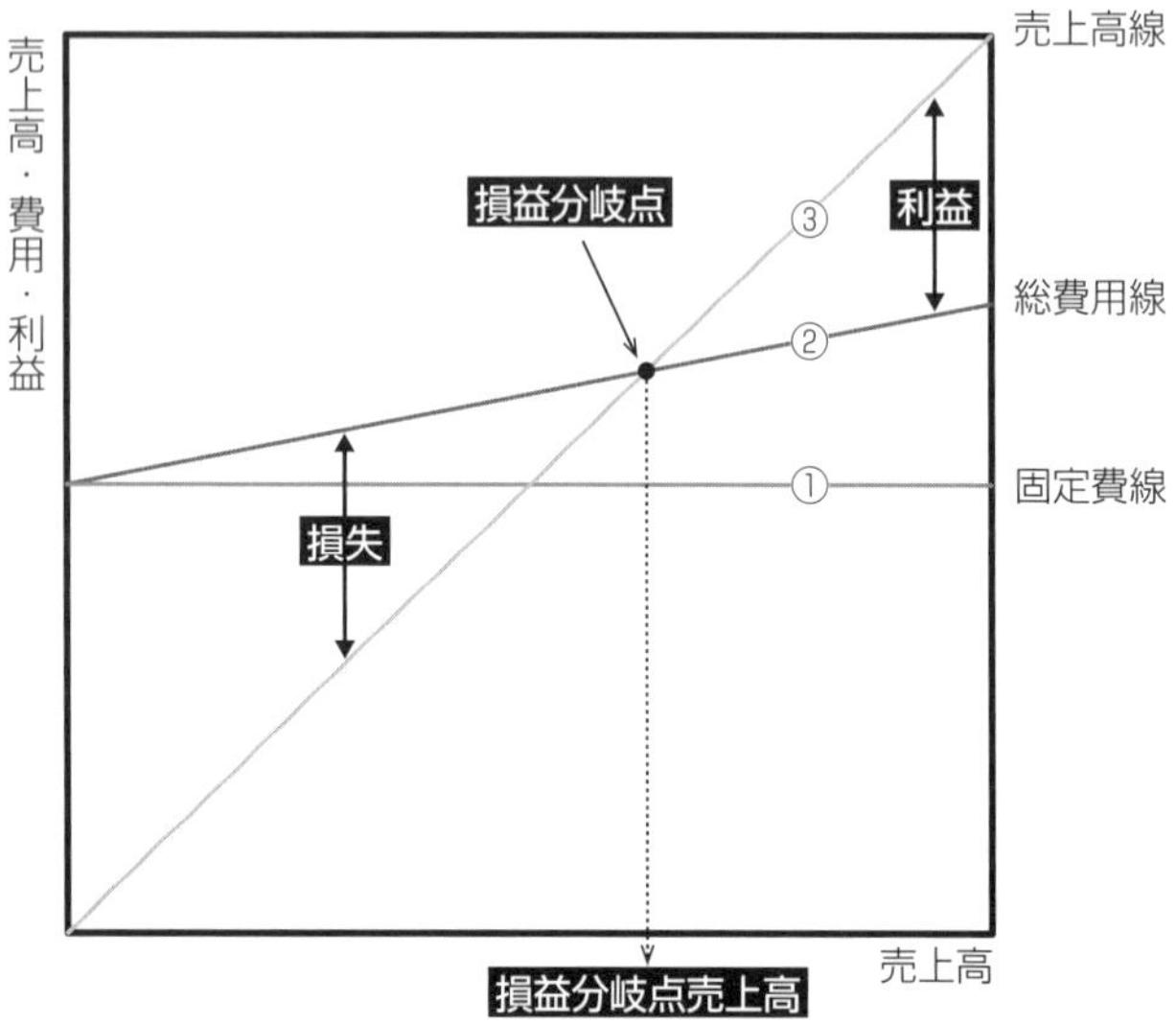

その結果、図表２－５では損益分岐点が随分右に寄っていることが見て取れると思います。**固定費型ビジネスでは、損益分岐点売上高が大きくなるため、利益を出すためには大きな売上高を上げる必要がある**のです。

その一方で、一旦、損益分岐点売上高を超えれば、大きな利益を生み出すことができます。これは、変動費率が低い（限界利益率が高い）ためです。しかしながら、売上高が損益分岐点を下回れば、損失の額も大きくなります。

固定費型ビジネスは、ハイリスク・ハイリターン型の利益構造を持ちます。したがって、固定費型ビジネスを運営するには、大きな損失にも耐えられる体力が必要とされます。繰り返しになりますが、

◉図表2-6　損益分岐点図表（変動費型ビジネス）

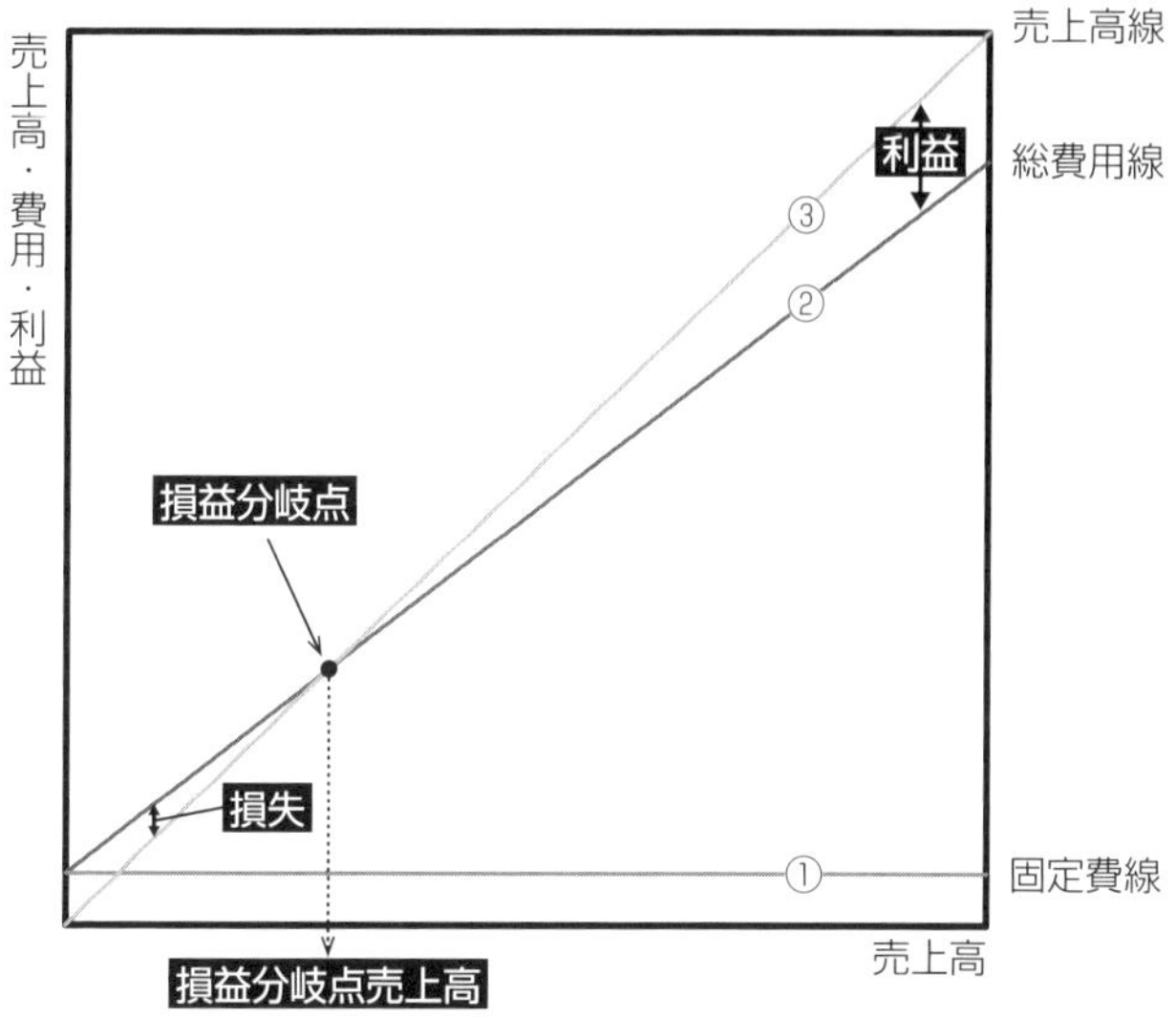

固定費型ビジネスで利益を出すためには、大きな売上高を上げることが求められます。一般的に、固定費型ビジネスを運営している会社の規模が大きいのはこのためです。

変動費型ビジネスではどうでしょうか。図表2－6を見てみましょう。

変動費型ビジネスでは、固定費が少なくて済むために、固定費線（①）が随分下のほうに位置しています。一方、変動費型ビジネスでは変動費率が高い（限界利益率が低い）ため、総費用線（②）の傾きが大きくなります。

したがって、変動費型ビジネスでは損益分岐点売上高が小さくなります（損益分岐点が左に寄っている）。**変動費型ビジネスでは、それほど大きな売上を上げ**

なくても利益を出すことが可能ですが、売上の金額が増加しても、利益はそれほど増えません。これは、売上に比例して変動費が大きく増加するためです。

以上から、**変動費型ビジネスはローリスク・ローリターン型の利益構造**であることがわかります。また、損益分岐点売上高も小さくなりますので、変動費型ビジネスを運営しているのは、一般的に小規模な会社が多くなる傾向にあります。

在庫と利益、キャッシュ・フローの関係

製造個数が増えると利益は増える?

ここまでのところで、会社の利益構造を把握するために必要な、変動費、固定費、そして損益分岐点の考え方について説明しました。それでは、これらの知識を使いながら、在庫と利益、そして在庫とキャッシュ・フローの関係について考えてみましょう。

次ページの図表2－7は、ある工場で製品を50万個製造した場合（パターンA）と、100万個製造した場合（パターンB）の原価（費用）と売上高、利益について例示したものです。パターンAでは、製造した50万個の製品はすべて売れたものとします。一方、パターンBでは100万個製造した製品のうち、販売されたのは50万個であるとしましょう。

製造コストについては、製造個数に関係なくかかるコストである固定費（工場で働く従業員の労務費などが想定されます）が250万円、製造個数に比例してかかる変動費（材料費などが想定されます）は製品1個当たり40円であると仮定します。

パターンAでは、固定費と変動費を足したものを製造個数で割った製品1個当たり原価

◉図表2-7　製造個数と利益、在庫

	パターンA	パターンB	計算式
製造個数（千個）	500	1,000	
販売個数（千個）	500	500	
固定費（千円）	25,000	25,000	
変動費（千円）	20,000	40,000	＝製造数×製品1個当たり変動費40円
製品1個当たり原価（円）	90	65	＝（固定費＋変動費）÷製造個数
売上高（千円）	50,000	50,000	＝販売個数×製品1個当たり売上高100円
売上原価（千円）	45,000	32,500	＝製品1個当たり原価×販売個数
売上総利益（千円）	5,000	17,500	＝売上高－売上原価
棚卸資産（千円）	0	32,500	＝製品1個当たり原価×（製造数－販売数）

は90円、パターンBでは65円と、パターンBのほうが低くなっています。これは、製造個数が多いほど、製品1個当たりの固定費が低くなるためです。

結果として、製品1個が100円で売れたとすると、パターンAにおける売上総利益は500万円、パターンBでは1750万円となります。1個当たりにかかる固定費が小さくなる分、製造個数を増やしたほうが、利益が大きくなるのです。なぜなら、会計では、**製品が販売された際に費用を計上するルールになっている**からです。

■製造個数を増やすとキャッシュ・フローはどうなる？

しかし、キャッシュ・フローで見るとどうでしょうか。

会計上の費用は製品が販売されるまで計上されませんが、実際の現金支出についてはそうはいきません。材料を仕入れた代金は仕入先に支払わなければなりませんし、工場で働く従業員の給与も支払わなければなりません。

◉図表2-8　在庫は“製造のために支払った現金”が姿を変えたもの

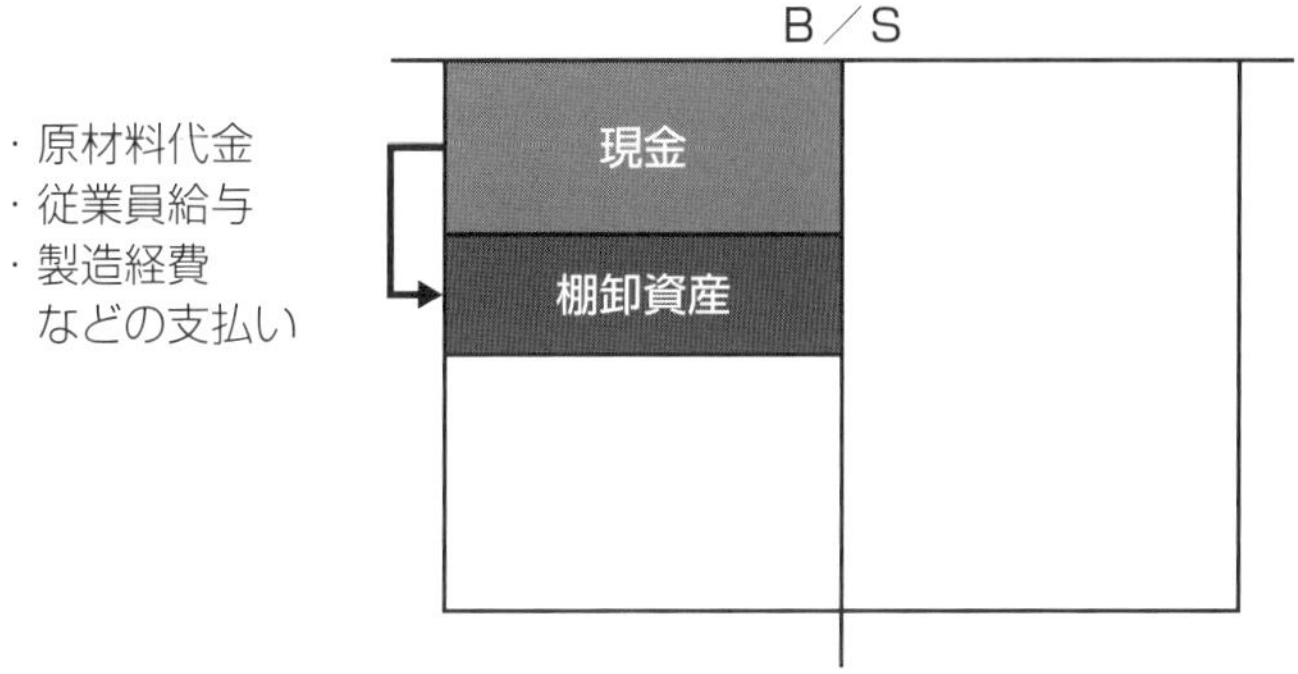

まだ販売していない製品を製造するために支払ったキャッシュは、財務諸表のどこに表れるのかと言えば、B／Sの**棚卸資産**に計上されます（図表２－８）。図表２－７のパターンBの一番下の行で計上されている３２５０万円の**棚卸資産は、“製造のために支払った現金”が在庫という形に姿を変えたもの**なのです。しかも、こうした在庫は売れない限り現金として回収することはできません。

したがって、**製造個数を増やすことは、P／L上の利益を増やすことにつながりますが、キャッシュ・フローに対してマイナスに作用する**わけです。見かけ上の１個当たり原価を下げるために、売れる見込みのない製品のつくりだめをすることは、キャッシュ・フローに対してマイナスに働くため、会社の資金繰りを圧迫してしまいます。

そして、つくりだめした在庫が売れなければ、その在庫の評価減（在庫金額の切り下げ）や除却損の計上（廃棄に伴う損失の計上）を行なわなければならなくなり、最終的には損益にも反映されることになるのです。

利益とキャッシュ・フローの関係

P／Lとキャッシュ・フロー計算書の位置づけ

ここまで述べてきたように、利益とキャッシュ・フローは必ずしも一致しません。むしろ、実際のビジネスでは利益とキャッシュ・フローは基本的に一致しないものだと考えたほうがよいでしょう。

この理由の1つは、68ページの図表2－7を用いて説明した工場の例でもそうであったように、損益を計算する際に使われる費用と売上高（収益）が、現金が動くタイミングで計上されているわけではないからです。

利益とキャッシュ・フローはなぜ違うのか？

利益とキャッシュ・フローはなぜ一致しないのかについて、もう少し詳しく説明しましよう。

図表2－9は、第1章で取り上げたキャッシュ・フロー計算書の基本構造を、営業活動によるキャッシュ・フロー、投資活動によるキャッシュ・フロー、財務活動によるキャッシュ・フローの3つのキャッシュ・フローに絞って抜粋したものです。

◉図表2-9　連結キャッシュ・フロー計算書の基本構造（抜粋）

Ⅰ　営業活動によるキャッシュ・フロー	
税金等調整前当期純利益	
減価償却費	…(A)
…	
売上債権の増減額（マイナスは増加）	…(B)
棚卸資産の増減額（マイナスは増加）	…(C)
仕入債務の増減額（マイナスは減少）	…(D)
小計	
…	
営業活動によるキャッシュ・フロー	
Ⅱ　投資活動によるキャッシュ・フロー	
有形固定資産の取得による支出	
有形固定資産の売却による収入	
…	
投資活動によるキャッシュ・フロー	
Ⅲ　財務活動によるキャッシュ・フロー	
短期借入金の純増減額	
長期借入れによる収入	
…	
財務活動によるキャッシュ・フロー	

営業活動によるキャッシュ・フローの一番上の項目（科目）は、P／L（損益計算書）上の税金等調整前当期純利益となっています。第1章で説明したように、ほとんどの会社において営業活動によるキャッシュ・フローは間接法によって作成されています。間接法は、P／L上の利益とキャッシュ・フローのズレを生じさせる項目を調整してキャッシュ・フロ

ーを計算する方法なので、この調整項目を見ていけば、なぜ利益とキャッシュ・フローの間に差が出るのかを把握することができます。大きく分けて、利益とキャッシュ・フローの差を生じさせる項目としては、次の2つが挙げられます。

① P/L上は費用なのに、キャッシュ・フローには影響を与えない項目
② キャッシュ・フローには関係するのに、P/L上の費用とならない項目

では、それぞれの主な項目について詳しく見ていくことにしましょう。

■費用なのにキャッシュ・フローには影響を与えない項目

1つ目は、P/L上は費用として計上されるものの、キャッシュ・フローには影響を与えない項目です。その代表例としては、**減価償却費**が挙げられます。

第1章で説明したように、減価償却費とは、会社が保有する有形固定資産（建物や設備など）を使用することで価値が減少した分を費用として計上したものです。この減価償却費はP/L上の費用ですが、実際に誰かに対して支払いを行なうものではないので、キャッシュ・アウト（現金支出）を伴うものではありません。

そのため、キャッシュ・フローを計算する際には、71ページの図表2－9の営業活動によるキャッシュ・フローにおける（A）に示しているように、損益を計算する際に一度費用として差し引かれた減価償却費を足し戻すという処理を行なっています。

キャッシュ・フローに関係するのに費用ではない項目

2つ目は、キャッシュ・フローには関係するものの、（少なくとも直接的には）P／L上の費用にならない項目です。

その代表的なものとしては、前述した「**棚卸資産の増減**」があります。在庫は、原材料の仕入れや工場で働く従業員の給与、製造経費などの支払いが姿を変えたものなので、棚卸資産が増加するということは現金の減少を意味します。先ほどの例でもあったように、在庫の製造にかかった原価（製造原価）が費用となるのは、その在庫が販売されたタイミングですが、その在庫の販売がなされたか否かにかかわらず支払いは行なわなければなりませんから、キャッシュ・フローの計算上は差し引く（マイナスする）必要があります。

実際、営業活動によるキャッシュ・フローにおいても、71ページの図表2－9中の（C）に示すように、棚卸資産の増加は、キャッシュ・フローに対するマイナス項目として調整が行なわれています。

◉図表2-10　現金→棚卸資産→売上債権

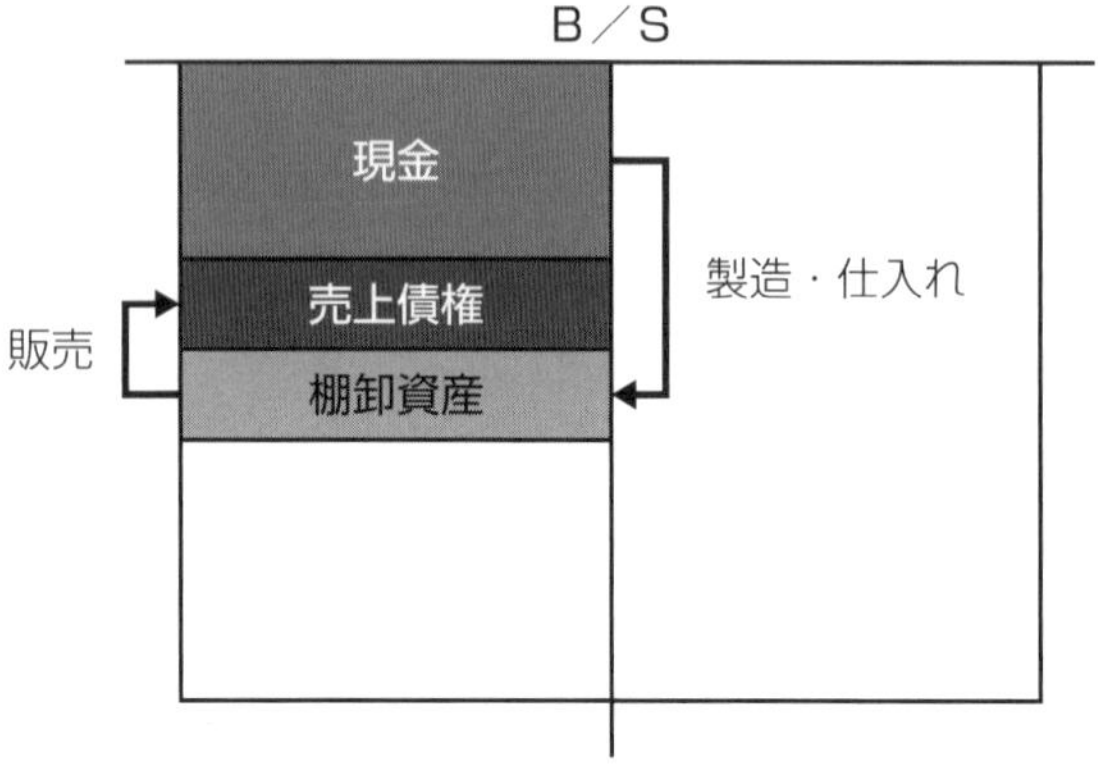

同じような項目として、**売上債権の増減**も挙げられます。売上債権は、受取手形・売掛金といった、すでに製品や商品、サービスは販売されているものの、まだその代金を回収できていないものが該当します。これも、図表2－10に示すように、現金→棚卸資産→売上債権という経路で現金が姿を変えたものですから、棚卸資産と同様に、売上債権の増加はキャッシュ・フローを減少させます。

そこで、71ページの図表2－9の（B）に示すように、売上債権の増加についてはキャッシュ・フローの計算上のマイナス項目であるとしているわけです。

一方、支払手形・買掛金といった**仕入債務**は、キャッシュ・フローに対して売上債権と逆に作用します。仕入債務は、すでに原材料などを購入したものの、まだ支払いが行なわれていないものに該当します。

したがって、仕入債務が減少する場合は、その減少分を現金で支払っているということになるため、キャ

◉図表2-11　仕入債務とキャッシュ・フローの関係

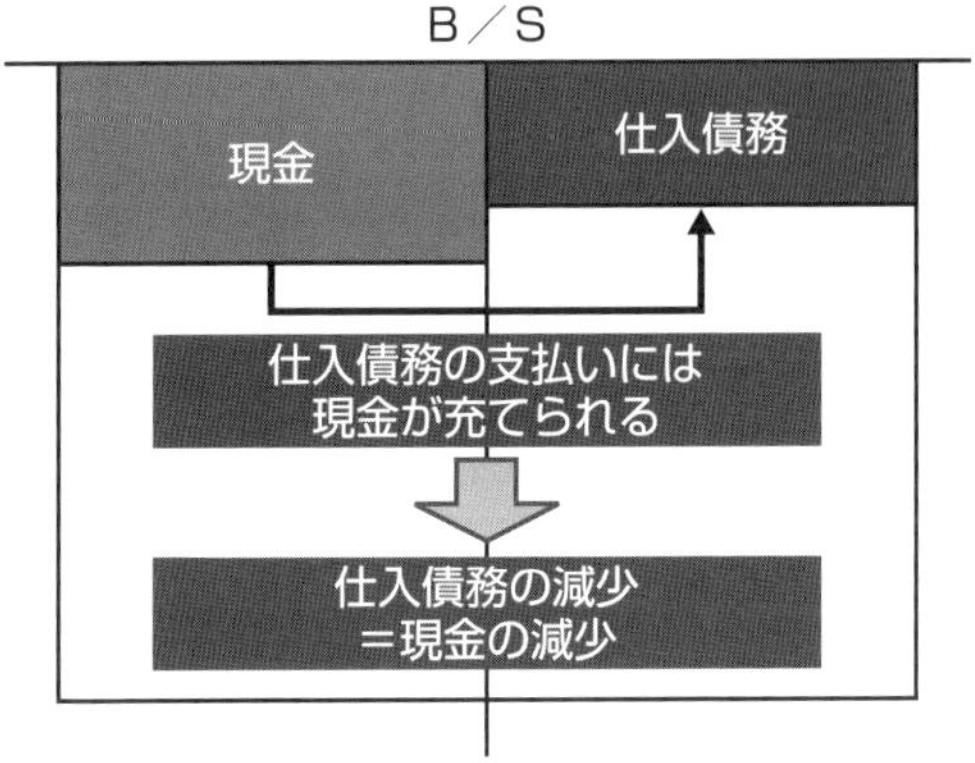

ッシュ・フローの計算上はマイナスになります（図表2－11）。その一方で、仕入債務が増加している場合は、それだけ（すでに原材料などを仕入れているにもかかわらず）支払いをしていないということですから、キャッシュ・フローの計算上はプラスになります。

そのため、71ページの図表2－9の（D）に示すように、仕入債務の減少はキャッシュ・フローのマイナスとして、仕入債務の増加はキャッシュ・フローのプラスとして調整を行なっているわけです。

また、投資活動によるキャッシュ・フロー、財務活動によるキャッシュ・フローも、直接損益には影響を及ぼしませんが、キャッシュ・フローに影響を与える項目であるととらえることができます。

資金繰りと黒字倒産

資金繰りはファイナンスの重要な機能の1つ

第1章でも述べたように、資金繰り（キャッシュ・フローの管理）はファイナンスの重要な機能の1つです。資金繰りがうまくいかず、支払うべきものを支払うべきタイミングで支払うことができなければ、会社は倒産してしまうからです。

P／L（損益計算書）上の利益とキャッシュ・フローは一致しませんから、利益を上げていれば安心というものではありません。第1章でも触れた「勘定合って銭足らず」という言葉は、利益が黒字であってもキャッシュが足りなくなる状態を指しています。

実際、利益が出ていても資金不足（「**資金ショート**」とも呼びます）の状態に陥り、倒産してしまうケースもあるのです。これを「**黒字倒産**」と言います。2017年9月25日付の日本経済新聞朝刊で報道された、東京商工リサーチの調査によると、2016年に倒産した544社のうち半数以上は最終決算で黒字を計上した企業であるとしています。こここでは、黒字倒産の事例として、**江守グループホールディングス**（以下、江守ＨＤ）を紹介します。

■江守ＨＤのケース

江守ＨＤは、福井県に本社を置く、化学品や合成樹脂などを取り扱う商社です。同社は業容の拡大に伴い、１９９４年に株式を店頭登録、その後２００４年にはジャスダック上場、２００５年に東証二部への上場を経て、２００６年には東証一部上場企業となっています。同社の近年の成長を牽引したのは、中国事業の拡大でした。２０１４年３月期における中国事業の割合は、売上高にして70％に達しています。

その後、江守ＨＤは２０１５年４月に民事再生法の適用を申請し、倒産することになるのですが、その理由は何だったのでしょうか。財務諸表のデータをひも解きながら、その原因を探ってみましょう。

次ページの図表２－12は、江守ＨＤのＰ／Ｌのデータを５年分抜粋したものです。

同図表によれば、２０１０年３月期に約６５９億円だった売上高は２０１４年３月期には約２１９２億円に、営業利益は約19億円から約57億円まで急成長しています。経常利益や当期純利益も大きく伸びており、損益データについては問題がないように見えます。

◉図表2-12　江守HDのP／Lのデータ（抜粋）

（単位：百万円）

決算期（20xx年3月期）	10年	11年	12年	13年	14年
売上高	65,918	95,337	116,701	144,675	219,187
営業利益	1,862	2,451	2,705	3,209	5,743
経常利益	1,832	2,339	2,532	3,006	5,410
当期純利益	1,021	1,367	1,690	1,919	3,324

一方、キャッシュ・フロー計算書のデータ（図表2－13）も見てみましょう。

営業活動によるキャッシュ・フロー（営業CF）、投資活動によるキャッシュ・フロー（投資CF）がマイナスになっており、そのマイナスを埋めるために借入れを行なった結果、財務活動によるキャッシュ・フロー（財務CF）がプラスになっています。

ここで、投資CFがマイナスになっているのは、有形・無形固定資産の取得によるものですので、成長企業であれば珍しいことではありません。

ここで**一番問題なのは、営業CFのマイナスが続いていること**です。P／L上は利益が出ているわけですから、営業CFがマイナスなのには利益以外の何かに理由があるはずです。

営業CFの内訳を見てみると、その赤字の大きな原因は、売上債権の増加です。毎年上がっている利益以上に売上債権が増加しているために、営業CFが赤字になっています。じつは、この**売上債権の増加が江守HDの経営破綻の原因**なのです。

江守HDは中国において、現地企業の仕入代金を肩代わりして、

◉図表2-13　江守HDのキャッシュ・フローデータ（抜粋）

（単位：百万円）

決算期（20xx年3月期）	10年	11年	12年	13年	14年
営業CF	−718	−6,679	−6,916	−2,671	−5,198
税金等調整前当期純利益	1,814	2,369	2,941	3,221	5,391
売上債権の増減額（マイナスは増加）	−3,580	−7,298	−9,022	−6,244	−15,829
棚卸資産の増減額（マイナスは増加）	523	−1,555	−2,179	−300	1,611
仕入債務の増減額（マイナスは減少）	1,009	2,289	931	2,462	1,554
投資CF	−449	−398	−632	−976	−331
有形及び無形固定資産の取得による支出	−177	−370	−597	−915	−800
財務CF	1,903	9,980	8,876	3,511	12,038
短期借入金の純増減額	2,742	4,881	6,138	3,188	2,041
長期借入れによる収入	−	6,000	3,461	2,307	9,955
長期借入金の返済による支出	−516	−589	−336	−1,607	−1,215

あとで金利を上乗せして回収する「商社金融」ビジネスを行ない、業容を拡大してきました（２０１５年５月30日付日本経済新聞北陸経済面）。こうした商社金融ビジネスによる仕入代金の肩代わり分が売上債権として計上されていたと考えられます。

ところが、中国経済の減速などに伴い、こうした売上債権の回収が困難になってしまいました。それまで、江守ＨＤでは営業ＣＦ、投資ＣＦの赤字分を埋めるために、借入金による資金調達を行なってきた結果、２０１４年３月期には短期借入金および１年以内に返済を予定する長期借入金の合計額が３６８億円近くに達していました（本書に掲載していないＢ／Ｓを参照）。こうした借入金の返済が難しくなったことで、江守ＨＤの経営は破綻したのです。

この江守ＨＤのケースでは、中国事業を統括していた現地の総経理が親族企業を通じた不適切な取引を行なっていたとも指摘されていますが、いずれにしても計上していた売上債権が膨らみ、その回収が困難になったことが破綻の引き金だったと言えます。

黒字倒産はなぜ起こる?

もう1つ、上場企業の黒字倒産のケースとしてよく挙げられるのは、アーバンコーポレイションの事例です。アーバンコーポレイションは不動産業を行なっていましたが、2008年に経営破綻しました。**アーバンコーポレイションの破綻の原因は、大きく膨らんだ販売用不動産（棚卸資産）**でした。売上高の2年分に近い販売用不動産を仕入れたにもかかわらず販売不振に陥り、資金繰りに窮したことが経営破綻につながったのです。

これらの企業の財務諸表に共通しているのは、P／L上の損益は黒字でも、営業CFが慢性的なマイナスとなっている点です。**営業CFのマイナスは、本業でキャッシュを稼げていないということを意味します。**

営業CFの赤字は、それが事業上の先行投資によるものであるにせよ、一時的なものであるべきです。両社とも、営業CFのマイナスが慢性化する兆候が見られた段階で、その原因である事業の構造を見直していれば、黒字倒産を避けることができたかもしれません。

キャッシュ・フローを増やすためにはどうするべきか?

キャッシュ・フローを増やすためのポイント

資金繰りに行き詰まって会社経営が追い込まれることのないようにするためには、キャッシュ・フローをできるだけ増やす必要があります。

すでに説明してきたように、キャッシュ・フローは営業活動によるキャッシュ・フロー、投資活動によるキャッシュ・フロー、財務活動によるキャッシュ・フローの3つによって構成されています。

このうち、財務活動によるキャッシュ・フローを増加させるということは、借入れや増資によって新たな資金調達を行なうことを意味します。通常、新たな資金調達が可能な場合、銀行や投資家はその会社の将来が有望だと判断し、資金を提供してくれるわけです。したがって、キャッシュ・フローを増やすという意味では、借入れや増資による資金調達は検討の対象外とすることにします。

投資活動によるキャッシュ・フローには、その会社が将来キャッシュ・フローを獲得するための投資に関する資金の支出が表れます。したがって、その投資が将来のキャッシュ・フロー獲得のために有効なものであるかどうか、チェックしなければなりません。

ただし、トータルとしてのキャッシュ・フローを増やすために必要な投資までも抑えるというのは、本当に経営が厳しい状況に追い込まれている場合を除いては、本末転倒と言わざるをえません。**ムダな投資は避けなければなりませんが、必要な投資についてはきちんと行なう**、というのが正しいスタンスだと言えるでしょう。

会社経営を通じてキャッシュ・フローを増やし、資金繰りを改善するうえで最も重要なのは、営業活動によるキャッシュ・フローです。営業活動によるキャッシュ・フローは、会社の本業によってどれくらいのキャッシュを獲得することができたかを示しています。つまり、**営業活動によるキャッシュ・フローには、その会社の経営を通じたキャッシュの創出能力が表れている**のです。

ここまで説明してきたように、営業活動によるキャッシュ・フローを構成する主な要素は、利益（税金等調整前当期純利益）、減価償却費、そして売上債権、棚卸資産、仕入債務の増減額です。85ページで詳しく説明しますが、売上債権に棚卸資産を加え、仕入債務を差し引いたものを、「**運転資本**」と呼びます。

ここからは、利益、減価償却費、運転資本の増減額という3つの視点から、営業活動によるキャッシュ・フローを増やすための方法について説明していきます。

出発点である利益を増やす

キャッシュ・フローを増やすための1つ目の方法は、「**利益を増やす**」ことです。利益とキャッシュ・フローは一致しませんが、キャッシュ・フローを減少させる大きな原因の1つである不良在庫や不良売上債権などは、最終的にはＰ／Ｌ（損益計算書）上も損失として反映されます。

また、間接法による営業活動によるキャッシュ・フローの計算においても利益（税金等調整前当期純利益）が出発点になっていることからもわかるように、利益はキャッシュ・フローにとってプラス項目であることは間違いありません。健全な形で利益を増やすことができれば、キャッシュ・フローは自然に増えると言ってもよいでしょう。

本章では、どのようにして利益を上げるべきかについて、固定費や変動費、損益分岐点といった考え方を用いて説明してきました。自社の費用構造を把握し、より大きな利益を上げられるように経営努力を続けることが、キャッシュ・フローを増やすことにつながるのです。

減価償却費を増やす?

営業活動によるキャッシュ・フローを構成する主な要素の2つ目は、**減価償却費**です。確かに、間接法で営業活動によるキャッシュ・フローを計算する際には、減価償却費を足し戻して（プラスして）いました。では、減価償却費を増やせばキャッシュ・フローが増えるという考え方は正しいのでしょうか。

ここで、「そもそも減価償却費とは何か」について改めて考えてみましょう。第1章で取り上げたように、減価償却費とは、建物や機械設備といった有形固定資産を使用したことによって価値が減少した分を費用として計上したものです。これは、P／L上の費用ですが、キャッシュ・アウトを伴うものではないので、損益を計算する際に一度差し引かれた減価償却費を足し戻すという計算を行なっています。

したがって、減価償却費の源泉とも言えるのは、償却の対象となる有形固定資産への投資です。つまり、減価償却費のもととなっているキャッシュ・アウトは、有形固定資産に投資を行なった段階ですでに発生しているのです。

以上のように、営業活動によるキャッシュ・フローを計算する際に、減価償却費を足しているのは、損益計算において計算上差し引いた費用である減価償却費を相殺しているに過ぎません。この観点からすれば、**減価償却費はキャッシュ・フローには影響を与えない**

◉図表2-14　運転資本の計算式と考え方

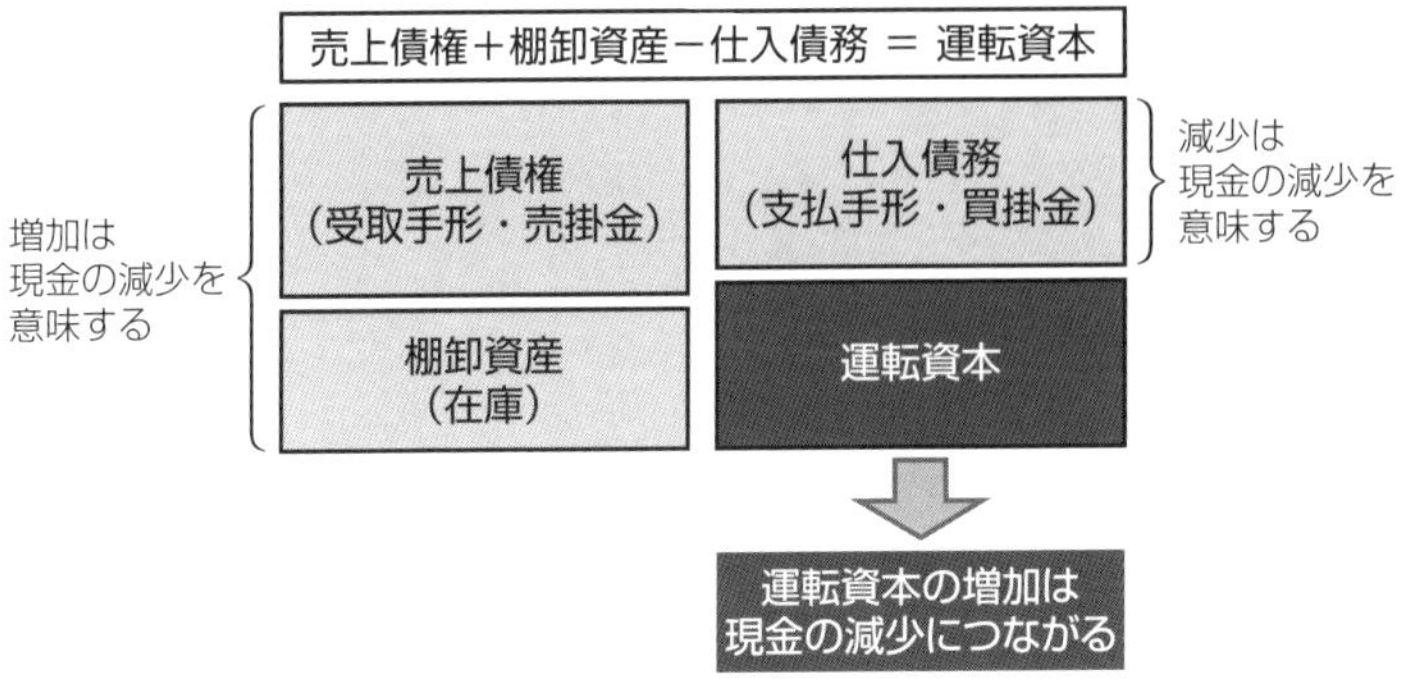

項目と言ってもよいのです（ただし、課税所得〔≠利益〕を計算する際には減価償却費を差し引くため、その分の税金が減るという効果はあります）。

したがって、**キャッシュ・フローを増やすために減価償却費を増やすという考え方には、本質的な意味はありません。**この点を誤解しないように気をつけてください。

運転資本のマネジメントが重要

営業活動によるキャッシュ・フローを構成する主な要素の最後の項目は、**運転資本**です。

運転資本の計算式は、「**運転資本＝売上債権＋棚卸資産－仕入債務**」となります（図表２－14）。

繰り返しになりますが、売上債権と棚卸資産は、現金が在庫や売上代金の未回収分に姿を変えたものです。したがって、**売上債権と棚卸資産の増加は、現金の減少を意味します。**一方、仕入債務は原材料などの仕入代金の未払分ですから、この**仕入債務が減少する場合はその分を現金で支払っていることになるため、現金が減少していることになります。**

つまり、**運転資本が増加するということは、その分現金が減少する**ことを意味しています。したがって、キャッシュ・フローを増やすためには、運転資本を削減することが有効です。具体的には、次のような対策を打つことによって、運転資本を削減することができます。

①売上債権の回収期間を短くする
②ムダな棚卸資産を持たないようにする
③仕入債務の支払期間を長くする

しかし、売上債権の回収や仕入債務の支払いの条件は取引先との関係によってある程度制約されるものです。また、棚卸資産に関しても削減しすぎれば売り逃し（機会損失）の危険性が出てきます。

したがって、キャッシュ・フローを増やしていくためには、事業に支障をきたさないようにしながら、運転資本をスリム化できるようにマネジメントしていくことが重要なのです。

コンサル File2 その新規事業は身の丈に合っているか？

以前、ベンチャー企業（仮にA社とします）のコンサルティングをしていたとき、その会社の経営者からある相談を受けました。A社は、主にサービス業を中心としたビジネスを手がけていたのですが、新規事業として、海外のある家具製造会社から高品質な家具を輸入するビジネスを立ち上げていました。

その海外の家具製造会社は高い家具製作技術を有していながら、低コストで家具を生産することができるため、その製品は高品質と低価格を両立するものでした。実際、試験的に輸入した家具の売れ行きが好調であったため、A社では、家具輸入ビジネスを有望な事業だと見ていました。

しかし、このビジネスには問題もありました。それは、**資金繰り**が非常に難しいビジネスであったということです。

先ほど述べたように、その海外の家具製造会社は高い技術力を持っていたのですが、まだ立ち上げて間もないこともあって資金力が乏しく、前払いに近い形で家具を仕入れる必要がありました。一方、A社の販売先である家具店の支払いサイト（A社にとっては、家具の販売から現金として回収するまでの期間）が2ヶ月近くあったため、その分の売上債権を抱えることになります。また、輸入した家具は一旦、自社在庫となり、その在庫を小口で家具店などに販売するため、在庫も持たなければなりませんでした。

つまり、この家具輸入ビジネスは、大きな**運転資本**が必要とされるビジネスだったのです。

私が、A社の経営者からこの新規事業の立ち上げについて相談されたときにしたアドバイスは、次のとおりです。

「このビジネスは拡大すれば拡大するほど運転資本が大きくなるため、現在のビジネスモデルが変わらない限り、新たな**資金調達**が必要になります。その資金を調達できるだけの体力があるかどうかで、このビジネスを続けるか否かについて検討するべきです。もし、資金調達を行なうことが難しいと判断されるなら、早めに手を打つべきです」

製品の質や価格から見て、顧客ニーズは十分にあると判断できたのですが、A社の体力でそのビジネスを軌道に乗せることができるかどうかについては、大きな不安があったからです。

その後、家具輸入ビジネスは大きく成長しましたが、当初想定したとおり、その事業に必要な資金量も大きなものになってしまいました。結果として、A社の資金力では、そのビジネスを支えるのは難しい状況となったのです。

そういった状況のなかで最終的にA社の経営者が下した判断は、「家具輸入ビジネスをB社に売却する」というものでした。家具の売上自体は好調で、かつ利益も上がっていましたから、事業の立ち上げに必要とされた資金を十分にペイできる価格で売却することができました。結果として、A社にとっても、売却先のB社にとってもメリットのある事業譲渡となったのです。

このケースから言えることは、新規事業を立ち上げる際に、「自社の経営資源が活用できるのか」「市場が有望なのかどうか」「競争優位性を確立できるのか」といった点だけではなく、**「その事業を立ち上げて軌道に乗せるだけの資金力が自社にあるのか」**という視点でも検討を行なう必要があるということです。

A社の家具輸入ビジネスの例で言うと、もし、自社に十分な資金力があれば、資金力に乏しい家具製造会社が自社で資金調達ができるようになるまで支援し、製造会社がひとり立ちできるようになった時点で、キャッシュ・フローの状況を改善するといった方策もとることができたでしょう。

しかし、このA社の場合は、そこまでの資金力を持っていなかったことから、事業の拡大に伴って製造会社を支えることが難しくなってしまいました。最終的にはお互いにとってハッピーな形で事業譲渡を行なうことができたので、結果オーライだとは言えますが、一歩間違えていたら痛手をこうむっていた可能性も否定できません。

新規事業を立ち上げるときには、「**その事業は果たして自社の身の丈に合ったものなのかどうか**」を慎重に検討する必要があるのです。

第3章

資本コストとは何か？

——投資家の期待を上回るための考え方

この章で身につける「武器」

☑ 資本コストをイメージする方法
☑ 有利子負債コストの算出法
☑ 株主資本コストの算出法
☑ 会社全体の資本コストを「見える化」する方法

資本コストの正体とは?

会社に対して融資または投資する目的は何か?

本章では、会社の「**資本コスト**」について考えてみましょう。資本コストとは、銀行や株主が会社に投資するにあたって求める「**見返り**」のことです。言い換えれば、会社にとっての資本コストとは、**銀行や株主がその会社に対して期待するリターン**ということになります。それを図示したものが、図表3－1です。

会社は、調達した資金を事業へと投資し、そこから債権者や株主が期待するだけのリターンを上げなければなりません。もし、期待するだけのリターンを上げることができなければ、会社の株価は下落し、新たな資金調達を行なうことが難しくなるなど、その会社の経営は厳しい状況になります。その一方で、債権者や株主が期待する以上のリターンを達成することができれば、会社の株価は上昇し、新たな資金調達も行ないやすくなります。

資本コストは、ファイナンスにおいて非常に重要な考え方の1つであり、第4章～第6章で取り上げるファイナンスを武器にする思考力の基盤となります。本章では、資本コス

◉図表3-1　融資、投資と資本コスト

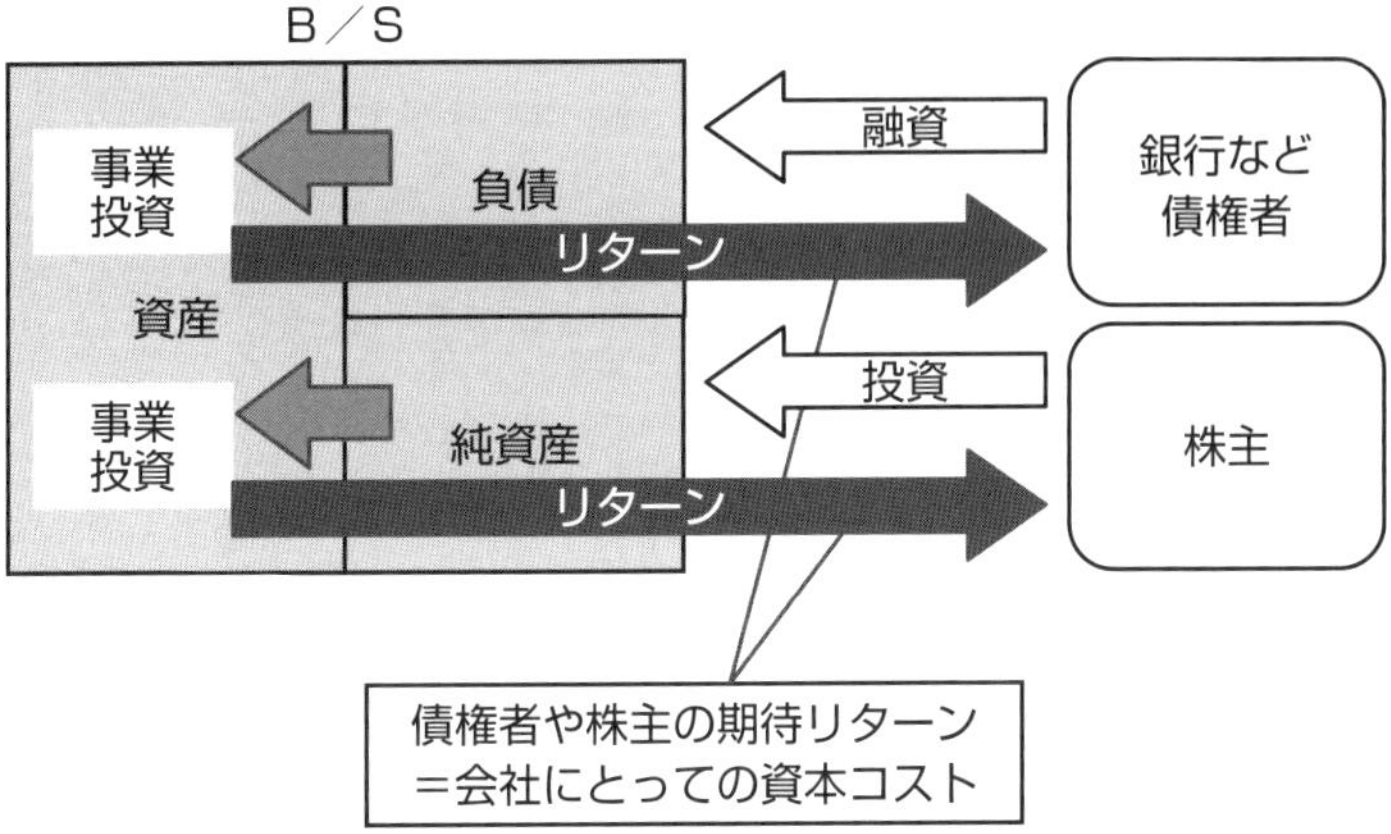

トの考え方と、その算出法について説明していきます。

銀行は何を求めるのか？

銀行などの債権者が求めるリターンとは何でしょうか。会社が銀行から資金を借り入れる場合、**利息**を支払います。この利息こそが、債権者が求めるリターンです。また、いわゆる利率が、債権者に対して会社が支払わなければならない**負債コスト率**ということになります。

なお、銀行からおカネを借り入れる場合、その際に決定した借入利率が負債コスト率になります。社債により資金調達を行なう場合には、発行時に決められた利率が負債コスト率です。

このように、債権者からの借入れについては利率が決まっていますので、負債コスト率の考え方は比較的単純です。

株主は何を求めるのか？

では、株主が求めるリターンとは一体何でしょうか。これは、債権者が求めるリターンと比べるともう少し話が複雑になります。

投資家（株式投資家）が株式投資を行なうときに期待することを考えてみましょう。

株式投資をするときに、株式投資家が期待するものの1つとして、「**配当**」があります。第1章でも取り上げたように、会社は事業などで得た利益（当期純利益）の一部を株主に対して配当金として還元します。このように、配当金によって得られる株主のリターンのことを、「**インカム・ゲイン**」と呼びます。

もう1つ、株式投資家が期待するのは、「**株価の値上がり**」です。極端な長期保有の場合は別でしょうが、株式投資家（株主）は自身が保有する株式の株価の上昇を期待します。株価の値上がりによって株主が得られるリターンのことを、「**キャピタル・ゲイン**」と呼んでいます。株主は、株価の値上がりによって得られるリターンを期待していますから、会社はその期待に応えるために、事業投資を通じて利益やキャッシュ・フローを獲得し、その結果として株価を上げていかなければならないのです。

株主が求めるのは、これらのインカム・ゲインとキャピタル・ゲインを合計した、トータルとしてのリターンです。**会社は、株主が期待するだけのリターンを実現するために、事業投資を行ない、そこから利益やキャッシュ・フローを上げなければなりません。**これが、株主に対する資本コストの正体です。

資本コストと経営の関係

資本コストとは、債権者や株主が会社に対して求める期待リターンですから、会社の立場で考えれば、資本コストを上回るだけの利益やキャッシュ・フローを事業投資から得なければなりません。

資本コストを上回る利益やキャッシュ・フローを獲得することができれば株価が上がり、株主や債権者からの支持を得ることができるでしょうが、逆に利益やキャッシュ・フローが資本コストを上回ることができなければ株価は下落し、そうした状況が中長期的に続く場合は、株主や債権者からの信頼に応えられていないということになります。

したがって、経営者は資本コストを上回るだけの利益やキャッシュ・フローを上げられるように、経営努力を続けなければならないのです。

負債と株主資本のコストを計算する

負債のコストはどのように計算されるのか?

ここからは、負債と株主資本のコストについて、具体的にどのように計算されるのかを説明していきます。

まず、負債のコストから見ていきましょう。銀行などの債権者が求めるコストは利息です。したがって、債権者が会社に融資した負債に対してどれくらいの利息が発生するのかを計算すれば、**有利子負債コスト率**を算定することができます。

図表3－2に示すように、(税引前)有利子負債コスト率は支払利息を有利子負債残高で割ることによって計算します。支払利息は、P／Lの営業外費用に掲載されています。

また、有利子負債は流動負債の短期借入金、1年以内に返済および償還を予定している長期借入金や社債などと、固定負債における長期借入金や社債などの合計になります。

利息は期中平均の有利子負債に対して発生するものですから、前期末と当期末の有利子負債の平均を分母にすれば、より厳密に有利子負債コスト率を計算できます。

◉図表3-2　（税引前）有利子負債コスト率の計算式

$$（税引前）有利子負債コスト率 = \frac{\text{支払利息}}{\text{（平均）有利子負債残高}} \times 100(\%)$$

上場企業であれば、有利子負債の残高や支払利息の金額はＢ／ＳやＰ／Ｌによって開示されていますから、会社の外部からでもこうした負債コストを計算できるわけです。

また、負債コストについては、社債明細表および借入金等明細表から推定することもできますし、**リスクフリーレート**（＝長期国債利回り）に**信用スプレッド**（その会社が持つリスクに応じた利息の上乗せ分）を加えて計算する方法もありますが、まずは図表３－２に示すような方法を覚えておきましょう。

有利子負債の節税効果

ところで、有利子負債に対して発生する支払利息は、課税所得を計算する際の損金として計上されます。したがって、利息を支払った分だけ課税所得が減少し、税額が減少することになります。これを、「**有利子負債の節税効果**」と呼びます。具体例を用いて考えてみましょう。

次ページの図表３－３は、有利子負債が０の場合（ケースＡ）と有利子負債が５０００億円ある場合（ケースＢ）での利益を比較したものです。まず、

◉図表3-3　有利子負債の節税効果

（単位：億円）

	ケースA	ケースB	
有利子負債	0	5,000	
営業利益	1,000	1,000	
支払利息	0	200	← 有利子負債の4%
利払後利益	1,000	800	
税金 （実効税率40%）	400	320	→ 支払利息×40%（=80億円）分の税金が減少
税引後利益	600	480	→ 実質的な支払利息は支払利息×（100%－40%）

営業利益はケースA、B双方において同額の１０００億円とします。

ケースAでは、有利子負債が０ですから、利払後利益は営業利益と変わらず１０００億円となります。この利払後利益に対して実効税率40％の税金がかかるとすれば、ケースAにおける税金は４００億円、税引後利益は６００億円となります。

一方、ケースBの場合、有利子負債が５０００億円あります。この有利子負債の利率が４％であるとすると、２００億円の支払利息が計上されるため、利払後利益は８００億円となります。したがって、税金は３２０億円（＝８００億円×40％）となり、ケースAに比べて80億円分税金が少なくなっています。これが、有利子負債の節税効果です。

その結果、支払利息は２００億円計上されているにもかかわらず、税引後利益の差額は１２０億円となります。すなわち、節税効果を加味した「実質的な支払利息」は、１２０億円（＝支払利息×（１００％－40％））となります。

◉図表3-4　節税効果を加味した有利子負債コスト率の計算式

税引後有利子負債コスト率
＝税引前有利子負債コスト率×（100％－実効税率）　（％）

注：税引前有利子負債コスト率として百分率の数字を使っている場合には、その数字または掛け合わせる数字のどちらかの百分率を外す必要がある（例：60％→0.6）

したがって、節税効果を考慮した実質的な（税引後の）有利子負債コスト率は、図表３－４のように表すことができます。図表３－３におけるケースＢの場合で言えば、節税効果を加味した税引後の有利子負債コスト率は２・４％（＝４％×（１００％－40％））となります。節税効果が発生するために、税引後の実質的な有利子負債コスト率は、税引前の有利子負債コスト率よりも低くなるのです。

なぜ税引前の有利子負債コスト率ではなく、節税効果を加味した税引後の有利子負債コスト率を使うのかと言えば、ファイナンスでは、事業のリターンを節税効果を加味していない税引後のキャッシュ・フローにより評価するためです。通常、ファイナンスでは、キャッシュ・フローには節税効果を織り込まず、資本コストのほうに節税効果を反映させます。こうすることで、節税効果が二重に加味されないようにしているのです（詳細については、第５章の２０４～２０５ページで説明します）。

また、実効税率は税制によって変化します。例えば、日本では近年の税制改正に伴い、実効税率が低下する傾向にあります。したがって、そのときどきの実効税率を使用して税引後の有利子負債コスト率を計算することが望ましいでしょう。

株主の視点で必要なリターンを考える

続いて、株主の視点から必要なリターンについて説明します。

株主が期待するリターンはインカム・ゲインとキャピタル・ゲインの合計です。インカム・ゲインは配当金によるリターンなので、企業にとってのコストの金額を直接特定できます。一方、キャピタル・ゲインは株式の値上がり益によるリターンですから、金額の見えないコストです。しかも、借入利率があらかじめ設定されている有利子負債コスト率とは違い、あらかじめ期待するリターンが決まっているわけではありませんから、株主に対するリターンの実額をもとに**株主資本コスト率**を計算することはできません。

そこで、株主資本コスト率を計算するには、実額を使って計算する方法とは別のアプローチが必要になります。そのアプローチの前提の1つになっているのが、「**ハイリスク・ハイリターンの原則**」です。これは、**投資家が高いリスクを持つ株式などの証券に対して投資を行なう場合、そのリスクに見合うだけの高いリターンを求める**、というものです。

ここでのリスクというのは、想定される株価の変動幅だと考えてください。株価が大きく上がるかもしれないけれど、大きく値が下がるかもしれない可能性がある株式は、リスクが高いというとらえ方をします。一方で、ほとんど株価の値動きがないような株式のリスクは低いととらえることができます。

◉図表3-5　投資家の心理とリスク、リターンの関係

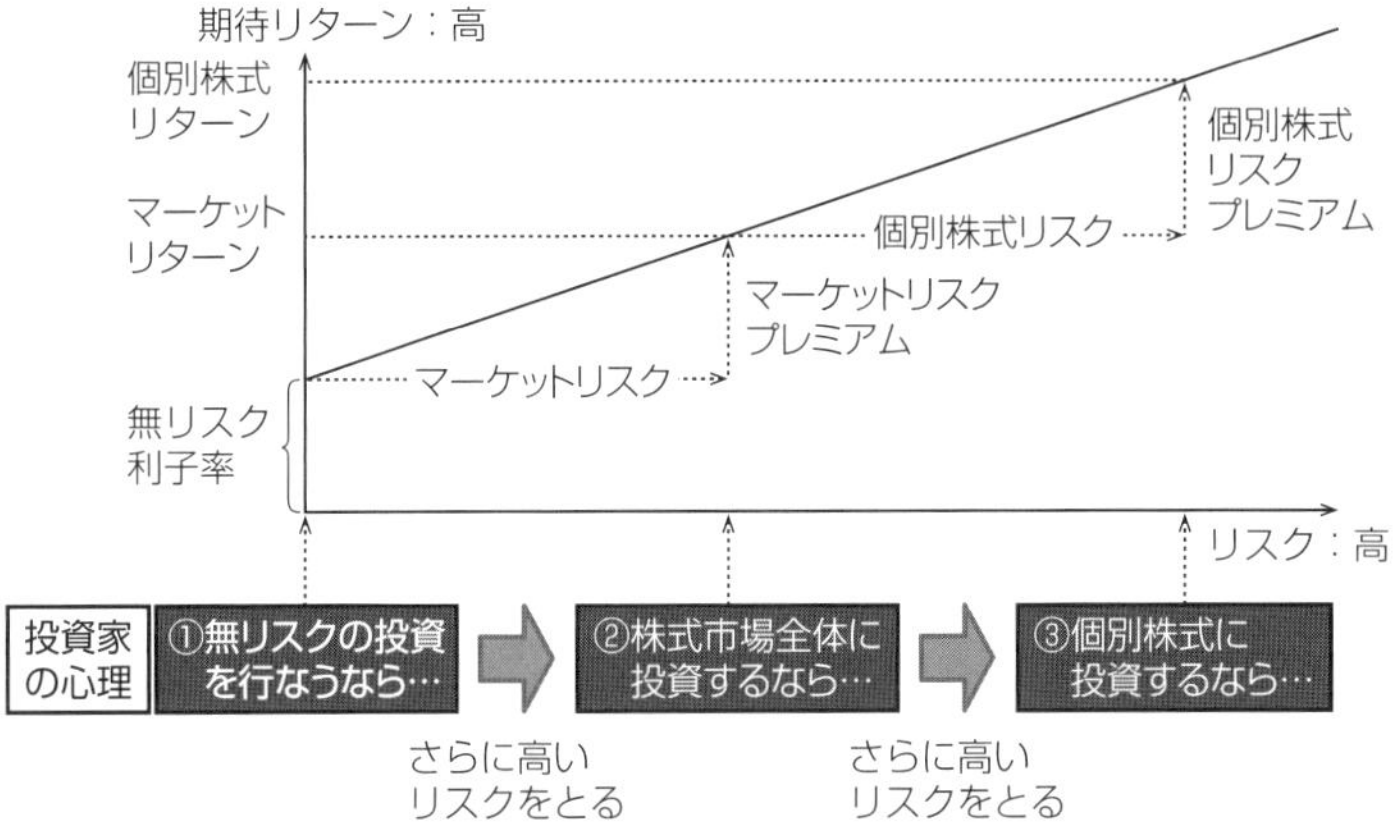

では、株式のリスクとリターンの関係について、図表３－５を見ながら説明していきましょう。

まず、投資家がリスクのない資産に対して投資する場合を考えてみます（同図表の①）。いわゆる安全資産に投資するケースです。

安全資産の例としてよく挙げられるのは国債です。本当に国債がリスクのない安全資産なのか、というのは議論の分かれるところだとは思うのですが、それについて詳しく検討することは本書の範囲を超えますので、とりあえず、そのような安全資産に投資するケースを想定します。

このとき、投資家が期待するリターンはかなり低い水準のはずです。それは、安全資産の持つリスクがゼロであるからです。それでも、期待リターンがゼロということはなく、低い水準ではあるもののある一定のリターンを求めることになります。これを、「**無リスク利子率**」あるいは「**リスクフリーレート**」

と呼びます。

次に、投資家がもう少し高いリスクをとって、株式市場全体に投資するケースを考えます（同図表の②）。株式市場全体に連動するインデックス型の投信（投資信託）に投資するイメージに近いケースです。株式投資について勉強した方は、「分散投資を行なうことが望ましい」というような話を聞いたことがあると思います。これは、個別株式に投資するよりも、株式市場全体に分散して投資したほうが、リスクが低くなるためです。

しかし、先ほどの安全資産に投資するケースよりもリスクは高くなりますから、その分高いリターンを投資家は求めるはずです。この株式市場が持つリスク（**マーケットリスク**）に対応して投資家が求めるリターンの上乗せ分を「**マーケットリスクプレミアム**」と呼びます。**投資家が株式市場全体に投資する場合に期待するリターンは、無リスク利子率とマーケットリスクプレミアムを合計したもの**となります。

続いて、投資家がさらに高いリスクをとって、個別株式に投資するケースを考えます（同図表の③）。このとき、投資家は株式市場全体に分散投資する場合に比べて、さらに高いリターンを求めるはずです。なぜなら、個別株式への投資は、株式市場全体への投資に比べてリスクが高いからです。こうした個別株式が持つリスクを「**個別株式リスク**」と、その個別株式リスクに対応して投資家が求めるリターンの上乗せ分を「**個別株式リスクプレミアム**」と呼ぶことにします。すると、**個別株式に対して投資家が期待するリターンは、**

◉図表3-6　投資家の心理と資本資産評価モデル（CAPM）

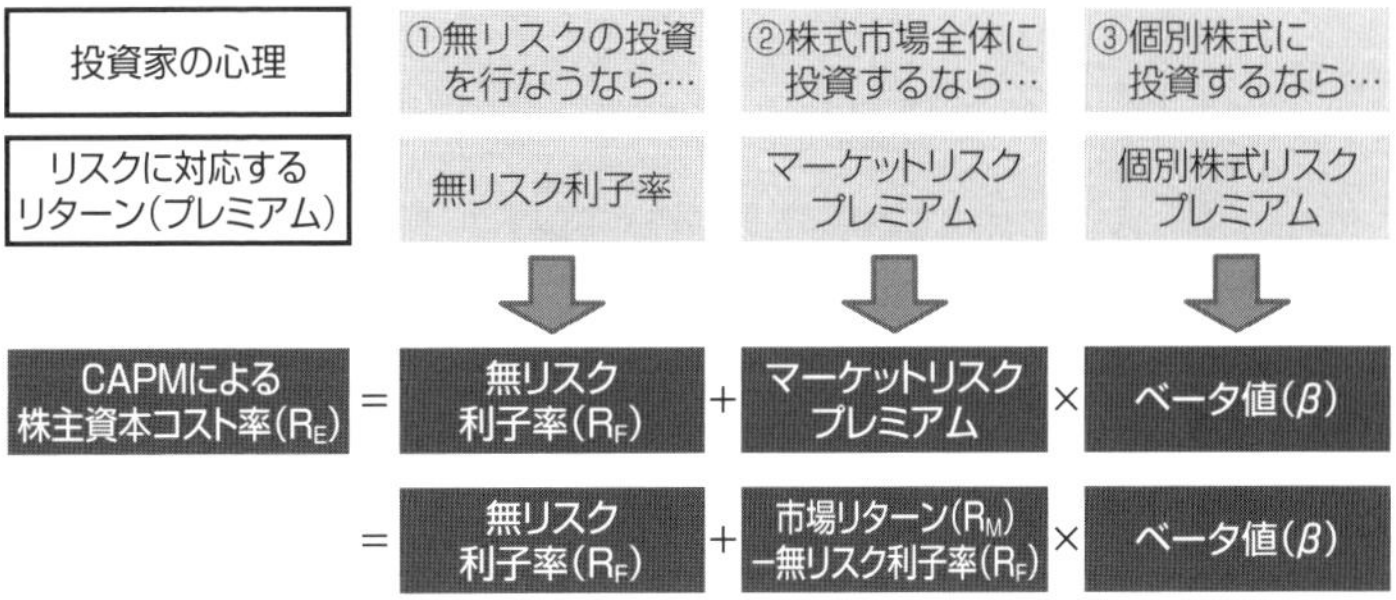

無リスク利子率とマーケットリスクプレミアム、そして個別株式リスクプレミアムを合計したものということになります。

資本資産評価モデル（CAPM）

ここまでに述べてきた投資家の心理を踏まえて、個別株式に期待されるリターン、すなわち株主資本コスト率を算出するためのモデルが、「**資本資産評価モデル**」です。これは、英語での「Capital Asset Pricing Model」を日本語訳したもので、英語の頭文字をとって**CAPM**とも呼ばれます。なお、「資本資産価格モデル」という訳語もありますが、本書では資本資産評価モデルあるいはCAPMと呼ぶことにします。

図表3－6は、投資家心理とCAPMによる株主資本コスト率の算出式の関係性を図式化したものです。

まず、同図表の①のように、投資家は無リスクの安全資産に投資した場合のリターンである無リスク利子率を最低限のリターンとして求めるはずですから、CAPMによる株主資本コスト率の算出式は、その無リスク利子率（R_F）からスタートします。

次に、株式市場全体に対する投資のリスクに見合うリターンの上乗せ分としてのマーケットリスクプレミアムを加えます。これは同図表の②の投資家心理に対応しています。なお、マーケットリスクプレミアムは、株式市場全体に投資した場合の市場リターン（R_M）から無リスク利子率（R_F）を差し引いて算出することができます。

最後に、同図表の③に対応して、個別株式のリスクに応じたリスクプレミアムを加える必要があります。このとき、CAPMでは、個別株式のリスクプレミアムが株式市場全体の何倍に相当するか、という形でモデルに組み込みます。

その個別株式のリスクプレミアムに相当する要素が、**ベータ値**（**β**）です。このベータ値をマーケットリスクプレミアムに掛け合わせることで、個別株式のリスクプレミアムを計算するというのが、CAPMの基本的な考え方です。

CAPMでは、個別株式のリスクは株式市場全体の持つマーケットリスクと連動するものととらえ、個別株式が株式市場全体と比べて何倍のリスクプレミアムを持つのか、という考え方に基づいて株主資本コスト率の計算式をモデル化しているのです。ちなみに、ベータ値が1の場合の株主資本コスト率は、株式市場全体に投資した場合の市場リターン（R_M）とイコールになります。

◉図表3-7　国債金利の推移（10年物、20年物）

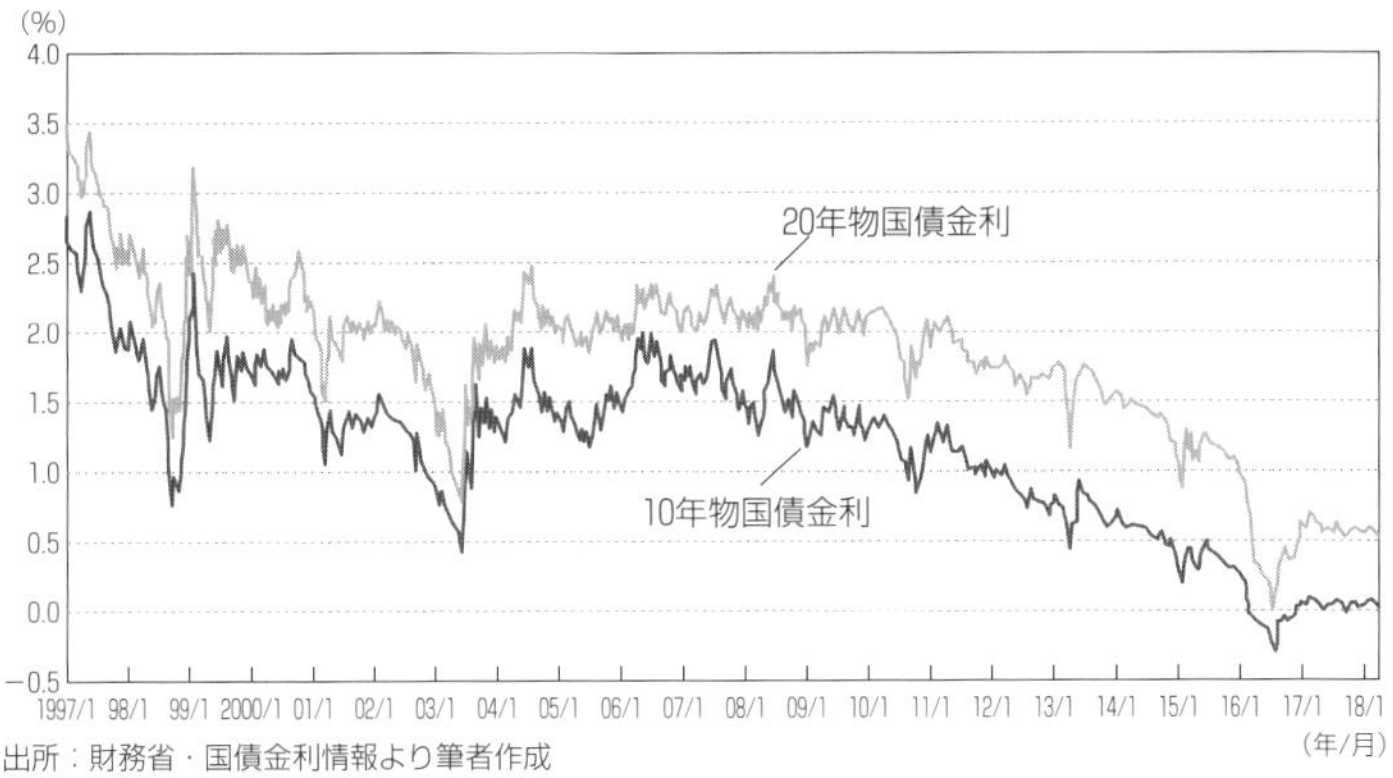

出所：財務省・国債金利情報より筆者作成

無リスク利子率、マーケットリスクプレミアム、ベータ値をどう設定するか？

ここまでで、ＣＡＰＭの考え方について説明してきました。あとは、無リスク利子率、マーケットリスクプレミアム、ベータ値がわかれば個別株式の株主資本コスト率を計算することができます。

無リスク利子率を設定するときによく使われるのは、10年物国債の金利です。１０１ページでも述べたように、長期国債が安全資産かどうかについては議論が分かれるところですが、**実務的には10年物の国債の金利が無リスク利子率の数値として使われます。**

図表３－７は、１９９７年から２０１８年までの10年物と20年物の国債金利の推移を示したものです。この図を見てみると、近年の国債金利は低下傾向にありますが、概ね２０００年から２００９年ごろまでは10年物の金利が１・５％前後、20年物の金利が２・０％

前後で推移していることがわかります。その後、10年物も20年物も金利は低下傾向が続き、直近の２０１８年では10年物の金利は０％、20年物の金利は０・５％付近の水準となっています。

このように、国債の金利は時系列で変化します。そのため、「いつの時点の国債金利を無リスク利子率として使うのか？」ということを考えなければなりません。理屈で言えば、「投資を行なう時点で、どれくらいの金利が期待できるのか」という視点で考えるべきですから、直近の国債金利を使うことになります。

しかし、前ページの図表３－７に示したように、直近の国債金利は非常に低い水準となっているため、２０００年から２００９年ごろまでの10年物国債の金利水準である１・５％程度を無リスク利子率として設定する、というのも１つの考え方でしょう。

そこで、さしあたって本書では、この１・５％という数字を無リスク利子率の目安として設定することにします。

次に、マーケットリスクプレミアムとして、実務的によく使われるのは５％という数値です。これは、過去数十年におけるマーケットリスクプレミアムの統計データが５％前後であることに基づきます。なお、この数値はマーケットリスクプレミアムを測定する期間や計算方法によって異なってきます。例えば、リーマンショック以降のように、株価のパフォーマンスが低い時期ではマーケットリスクプレミアムはマイナスの数値となります。

◉図表3-8　ベータ値（β）の考え方

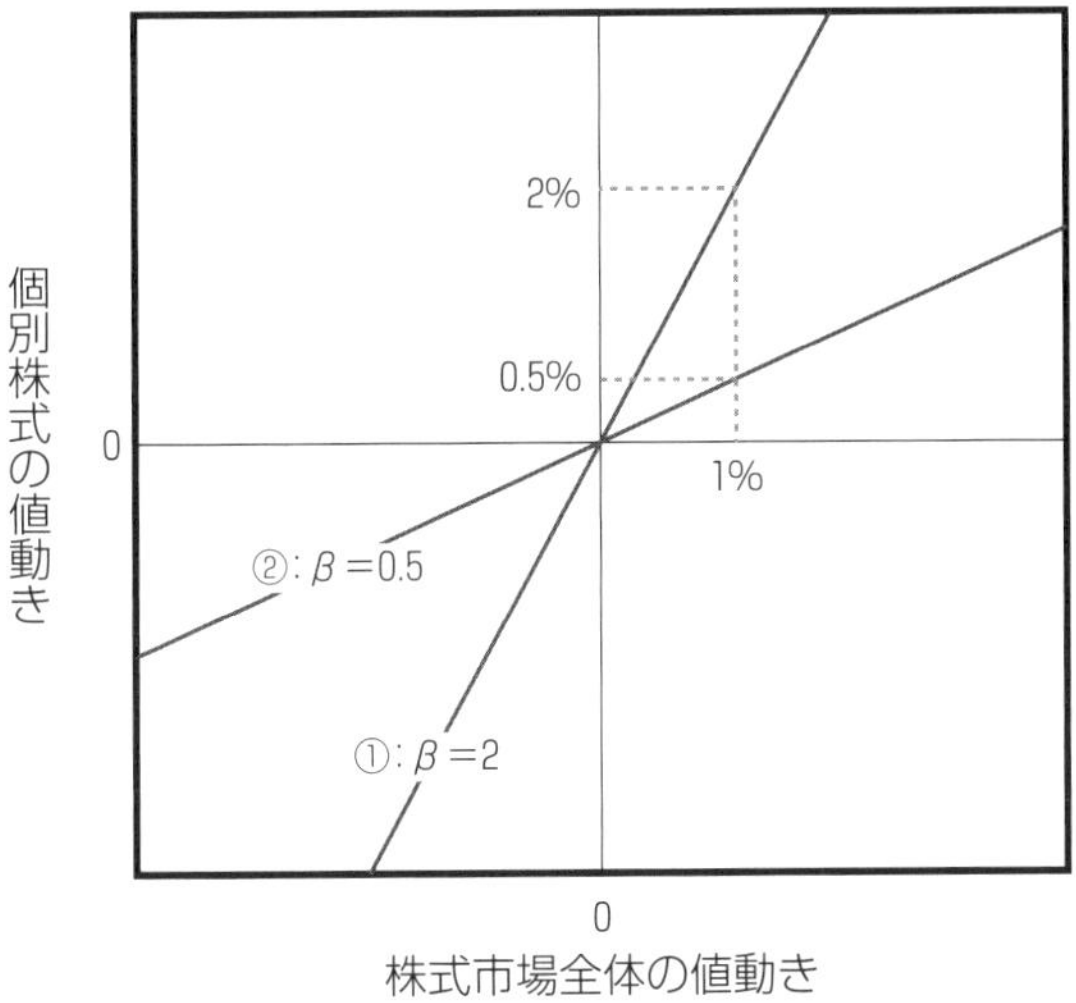

こうしたことから、測定期間や算出法については〝これが正解〟というものが決まっているわけではありません。とはいえ、前で述べたように、実務的には5％という数字がマーケットリスクプレミアムとして使われることが多いので、さしあたっては本書でも5％をマーケットリスクプレミアムの目安として使うことにします。

最後に、ベータ値について考えてみます。繰り返しになりますが、ベータ値とは、マーケット全体と比較して、個別株式がどれくらいのリスクを持つのかを示す指標です。

具体的には、図表3－8に示すように、株式市場全体の値動きに対して、個別株式の値動きがどのくらいだったのかを推定することで、ベータ値を算出します。例えば、株式市場全体の値動きが1％だったときに、2％の値動きを示す株式（直線①）のベータ値は2に、0・5％の値動きを示す株式（直線②）のベータ値は0・5になります。つまり、直線①、②の傾きが、それぞれの株式のベータ値です。

100ページでも解説しましたが、リスクは想定される株価の変動幅に相当します。つまり、直線①（ベータ値＝2）の株式のほうが直線②（ベータ値＝0・5）の株式よりもリスクが高いため、投資家はその分高いリターンを期待するわけです。

このベータ値については、株式市場全体の値動きと個別株式の値動きの回帰分析を行なって推定します（ただし、その分析手法の詳細は本書では割愛します）。より手っ取り早い方法としては、ロイターのウェブサイト（https://jp.reuters.com/investing/markets）の株価検索から調べて入手することもできます。

ところで実務では、値動きの実績から計算されたベータ値（実績ベータ）に0・67を掛けた値に0・33を足して修正したベータ値（修正ベータ）が使われることがあります。これは、将来的にはベータ値は1に近づいていくという考え方に基づくものですが、本書では特に断りのない限り、実績ベータをベータ値として使用することにします。

株主資本コストのケース――食品メーカーとIT企業の比較

では、実際の上場会社の事例をもとに株主資本コストを計算してみましょう。ここでは、**山崎製パンとエイチーム**を事例として取り上げます。山崎製パンは皆さんもご存知のとおり、製パン業を生業とする食品メーカーです。一方、エイチームは愛知県名古屋市に本社を置くＩＴ企業で、スマートフォン向けのコンテンツや、インターネット比較サイトなどを運営しています。

それぞれの企業のベータ値を、それぞれの株式とＴＯＰＩＸ（東証株価指数）の過去の月次の値動き（リターン）60ヶ月分を使って回帰分析で算出したところ、山崎製パンでは０・５２、エイチームでは１・３６となりました（２０１８年3月末現在）。これらのベータ値は、ＴＯＰＩＸが１％変動するとき、山崎製パンの株価は０・５２％しか変動しない一方、エイチームの株価は１・３６％変動することを示しています。

一般的に、**食品メーカーの業績は景気変動に左右されにくいため、株価の変動は小さく、ベータ値は低くなる傾向があります。一方、ＩＴベンチャー企業の業績変動リスクは相対的に高く、それが株価の変動に反映されるため、ベータ値は高くなる傾向があります**（ただし、本書では詳細を割愛しますが、ベータ値にはその会社の資本構成〔負債と純資産の構成〕も影響します）。山崎製パンとエイチームのベータ値も、こうした業種の傾向を反映したものとなっていると言えるでしょう。

それぞれの会社のベータ値をもとにＣＡＰＭで株主資本コストを計算すると、次ページ

◉図表3-9　CAPMによる株主資本コスト率の計算

CAPMによる株主資本コスト率(R_E)		無リスク利子率(R_F)		ベータ値(β)		マーケットリスクプレミアム
山崎製パンのR_E =4.10%	=	1.5%	+	0.52	×	5%
エイチームのR_E =8.30%	=	1.5%	+	1.36	×	5%

の図表3－9のようになります。ここでは、無リスク利子率を1・5％、マーケットリスクプレミアムを5％としています。

なお、103ページの図表3－6では説明しやすくするためにマーケットリスクプレミアムの後にベータ値を掛ける式としていましたが、ベータ値の後にマーケットリスクプレミアムを掛ける式が一般的であるため、図表3－9ではそのような算出式としています（もちろん、掛け算の順番を入れ替えているだけですから、図表3－6と図表3－9のどちらの式を使っても、株主資本コストの計算結果は同じです）。

図表3－9に示した式で計算すると、山崎製パンとエイチームの株主資本コスト率は、それぞれ4・10％と8・30％となります。ベータ値の低い山崎製パンの株主資本コスト率が低く、ベータ値の高いエイチームの株主資本コスト率が高いことがわかります。株価の変動が大きい（すなわち、リスクが大きい）会社の株式に対して、投資家は高いリターンを期待するためです。

今回の山崎製パンとエイチームの比較で言えば、株式に投資する投資家は、山崎製パンの約2倍のリターンをエイチームに対して求めることになります。

会社全体の資本コストを「見える化」する

◉図表3-10　会社全体の資本コストとは？

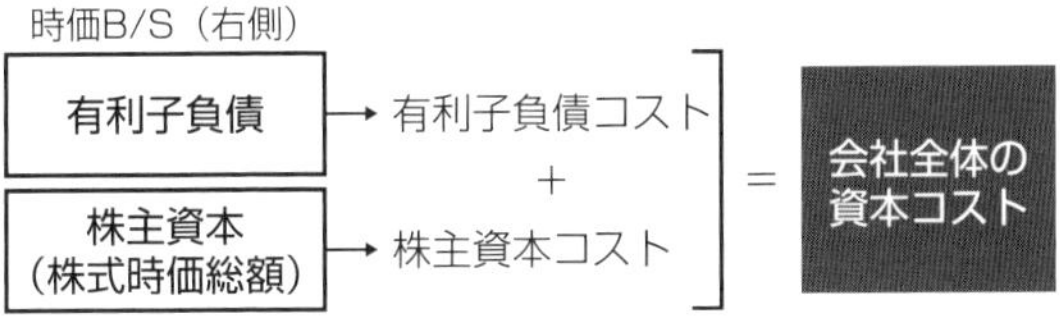

負債と株主資本のコストをどう合わせるか？

ここまでのところで、会社の負債および株主資本のコストについて説明してきました。それでは、会社全体の資本コストを、どのように考えればよいのでしょうか。

図表3－10を見てください。

これまでも述べてきたように、B／S（貸借対照表）の右側の有利子負債、株主資本（株式時価総額）に対して、それぞれ有利子負債コストと株主資本コストがかかります。

この有利子負債コストと株主資本コストを合計したものが、会社全体にかかっている資本コストになります。

◉図表3-11　会社全体の資本コスト率＝加重平均資本コスト率（WACC）

$$\text{会社全体の資本コスト率} = \frac{\text{会社全体の資本コスト}}{（\text{有利子負債}+\text{株式時価総額}）} \cdots ①$$

（有利子負債＋株式時価総額）← 企業価値

$$= \frac{\text{税引後有利子負債コスト}}{\text{企業価値}} + \frac{\text{株主資本コスト}}{\text{企業価値}} \cdots ②$$

$$= \frac{\text{有利子負債}}{\text{企業価値}} \times \text{税引後有利子負債コスト率} + \frac{\text{株式時価総額}}{\text{企業価値}} \times \text{株主資本コスト率} \cdots ③$$

$$= \frac{\text{有利子負債}}{\text{企業価値}} \times \text{税引前有利子負債コスト率} \times (100\% - \text{実効税率}) + \frac{\text{株式時価総額}}{\text{企業価値}} \times \text{株主資本コスト率} \cdots ④$$

加重平均資本コスト率（WACC）

加重平均資本コスト率（WACC）

　次に、この会社全体の資本コストの金額から、会社全体の資本コスト率を計算してみましょう。

　会社全体の資本コスト率を求めておくと、例えば1億円の投資に対して、どれくらいのキャッシュ・フローを上げれば資本コストを上回ることができるのか、といった投資判断が行ないやすくなります。

　図表3－11を見てください。会社全体の資本コスト率を計算するためには、まず会社全体の資本コストを有利子負債と株式時価総額の合計（この合計額を、ここでは「**企業価値**」と呼ぶことにします）で割る必要があります（同図表の式①）。

　続いて、前ページの図表3－10に示したように、会社全体の資本コストは、有利子負債コストと株主資本コストの合計ですから、図表3－11の式②のように表すことができます。なお、98ページで説明したように、有利子負債には節税効果がありますので、この式の有利子負債コストとしては税引後のコストを使用します。

さらに、税引後有利子負債コストは有利子負債に税引後有利子負債コスト率を掛けたもので、株主資本コストは株主資本（株式時価総額）に株主資本コスト率を掛けたものですから、図表3－11の式③のように表すことができます。

ここで、**有利子負債コスト率と株主資本コスト率に掛けるべき有利子負債と株主資本は時価であって、簿価ではない**ことに注意してください。

時価を使う理由は、投資家の視点で考えれば理解できます。例えば、株主資本コスト率は、投資家が、その株式投資に対して期待するリターンの利回りを表しています。株式投資家は、時価ベースの株式を買うわけですから、彼らは利回りの計算を時価ベースの株式価値をもとに行ないます。したがって、株主資本コストの金額は、時価ベースの株主価値である株式時価総額に、株主資本コスト率を掛けて算出しなければならないのです。なお、株式時価総額は、株価に発行済株式総数を掛けることで計算することができます。

そして、同じ理屈で考えれば、有利子負債に関しても時価を使うべきだということになります。しかしながら、有利子負債の時価は簿価と近い金額になることが多く、また、外部から時価を算出することが困難なケースもあるため、実務的には有利子負債の金額として簿価がよく使用されます。

なお、有利子負債の金額（価値）としては、有利子負債総額から余剰の現金などを差し引いた純有利子負債の金額を使用するのが理論的には正しいとされます。しかしながら、計算が複雑になるため、本書ではあえて厳密性には目をつぶって、B／Sの右側に計上されている有利子負債の総額を用いることにします。

最終的に、99ページの図表3－4に示す式を使って、税引後有利子負債コスト率を税引前有利子負債コスト率で表したものが、112ページの図表3－11の式④です。これは、有利子負債と株式時価総額の金額の割合で重みづけする形で、税引後有利子負債コスト率と株主資本コスト率を平均したもの（**加重平均**したもの）です。

このような計算式に基づいて計算された会社全体の資本コスト率のことを、「**加重平均資本コスト率**」（英語では「Weighted Average Cost of Capital」）と呼びます。この加重平均資本コスト率は、その英語の頭文字をとって、**WACC**とも呼ばれます。

このWACCが、株主資本コスト率と税引後有利子負債コスト率を合わせた、会社全体の資本コスト率となります。

ケース・スタディ

商船三井のＷＡＣＣを計算する

それでは、ここまで説明してきた資本コスト率の算出法を踏まえて、実際の企業の加重平均資本コスト率（ＷＡＣＣ）を計算してみます。ここでは、日本郵船や川崎汽船と並んで日本三大海運会社とされる**商船三井**をケースとして取り上げ、資本コスト率の算出法を具体的に解説していきます。

資本コスト率の算出にあたって必要な財務諸表と株式市場関連の情報を116～117ページの図表3－12にまとめておきますので、これを参照しながら計算を進めます。また、計算にあたり、無リスク利子率は１・５％、マーケットリスクプレミアムは５％、実効税率は40％と仮定します。

有利子負債コスト率を計算する

まず、有利子負債コスト率から計算していきます。

有利子負債コスト率の計算式の分母となる有利子負債の総額は、Ｂ／Ｓの右側にある、短期社債、短期借入金、社債、長期借入金、リース債務の合計額１兆１２００億円（＝２００＋１３３０＋２１１０＋７３８０＋１８０）となります（なお、計算を簡便にするため、ここでは有利子負債総額の平均値をとっていません）。

P／L

科目	金額(十億円)
売上高	1,504
売上原価	1,388
売上総利益	**116**
販売費及び一般管理費	**114**
役員報酬及び従業員給与	53
その他	61
営業利益	**3**
営業外収益	46
営業外費用	**23**
支払利息	19
その他	4
経常利益	**25**
特別利益	35
特別損失	37
税金等調整前当期純利益	**23**
法人税、住民税及び事業税	13
法人税等調整額	−1
非支配株主に帰属する当期純利益	5
親会社株主に帰属する当期純利益	**5**

株式市場関連データ

株式時価総額（十億円）	419
ベータ値	1.66

注：時価総額およびベータ値は2017年3月末のデータ
（ベータ値は月次リターン過去60ヶ月分を回帰分析して算出）

また、同計算式の分子は、Ｐ／Ｌの営業外費用の中に含まれる支払利息ですので、１９０億円となります。実効税率が40％だとすると、１１８ページの図表３－13に示すように、節税効果を考慮した税引後の有利子負債コスト率は１・０２％となります。

■ 株主資本コスト率を計算する

次に、株主資本コスト率を

◉図表3-12　商船三井の要約連結財務諸表（2017年3月期）

B／S

科目	金額（十億円）	科目	金額（十億円）
（資産の部）		（負債の部）	
流動資産	**481**	流動負債	**383**
現預金	177	支払手形・営業未払金	125
受取手形・売掛金	130	短期社債	20
棚卸資産	36	短期借入金	133
繰延及び前払費用	61	前受金	32
その他	77	その他	73
固定資産	**1,736**		
有形固定資産	**1,324**	固定負債	**1,150**
船舶	757	社債	211
建物・構築物	154	長期借入金	738
機械装置・運搬具	27	リース債務	18
土地	221	繰延税金負債	57
建設仮勘定	157	特別修繕引当金	19
その他	8	その他	108
		負債合計	**1,534**
無形固定資産	31	（純資産の部）	
		資本金	65
投資その他の資産	**381**	資本剰余金	45
投資有価証券	232	利益剰余金	355
長期貸付金	63	自己株式	−7
その他	86	その他の包括利益累計額	113
		新株予約権	2
		非支配株主持分	109
		純資産合計	**684**
資産合計	**2,218**	負債純資産合計	**2,218**

計算します。株式市場関連データより、商船三井のベータ値は1・66となっています。ここで、無リスク利子率は1・5％、マーケットリスクプレミアムは5％と仮定しているので、CAPMによる商船三井の株主資本コスト率の計算式は1・5％＋1・66×5％となります。この式を計算すると、商船三井の株主資本コスト率は、9・80％となります（図表3－14）。

WACCを計算する

それでは、最後にWACC

◉図表3-13　商船三井の税引後有利子負債コスト率

（金額の単位：十億円）

$$税引後有利子負債コスト率=\frac{支払利息}{有利子負債残高}\times(100\%-実効税率)$$

$=19\div1,120\times60\%$

$=1.02\%$

◉図表3-14　商船三井の株主資本コスト率

CAPMによる株主資本コスト率(R_E)	=	無リスク利子率(R_F)	+	ベータ値(β)	×	マーケットリスクプレミアム
商船三井のR_E =9.80%	=	1.5%	+	1.66	×	5%

◉図表3-15　商船三井のWACC

（金額の単位：十億円）

$$WACC=\frac{有利子負債}{企業価値}\times 税引後有利子負債コスト率+\frac{株式時価総額}{企業価値}\times 株主資本コスト率$$

$$=\frac{1,120}{1,539}\times1.02\%+\frac{419}{1,539}\times9.80\%$$

$=3.41\%$

を求めることにしましょう。

前で計算したように、商船三井の有利子負債の総額は１兆１２００億円です。また、株式市場関連データに記載されているように、株式時価総額は４１９０億円ですから、有利子負債と株式時価総額の合計（企業価値）は１兆５３９０億円となります。

したがって、税引後有利子負債コスト率が１・０２%、株主資本コスト率が９・８０%であることも踏まえれば、WACCは図表３－15のように、３・４１%と計算することができます。

商船三井の場合、株式時価総額よりも有利子負債の金額が大きいため、WACCは株主資本コスト率よりも相対的にかなり低い水準となっています。

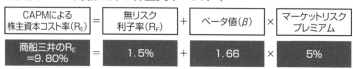

コンサル File3

日本企業は資本コストを十分に意識しているか？

ここ20年ほどの間に、日本企業における資本コスト（特に株主資本コスト）に対する意識は大きく変わってきました。１９８０年代ごろの日本企業における資本コストに対する意識は非常に希薄で、「内部留保にはコストがかからない」「株主資本のコストは配当金だけ」という見方がまかり通っていました。この当時の日本企業の意識は、利息の支払いや元本の返済が必要な負債に対し、配当以外には現金を支払う必要のない株主資本のほうがコストは低い、というものだったと思われます。

日本企業における資本コストの考え方の風向きが変わったのは、１９９０年代末ごろから日本企業でもＫＰＩ（業績評価指標）として採用が相次いだ**ＥＶＡ**（詳細は第４章で取り上げます）の登場あたりからでしょう。**「資本コストを上回る利益やキャッシュ・フローを生み出すことができなければ、投資家の期待に応えることができず、株価が低迷する」**という考え方は、日本企業にも徐々に浸透しつつあります。

しかしながら、まだまだ日本企業における資本コストの意識は十分ではないのかもしれません。世界的な４大会計事務所の１つであるＫＰＭＧが２０１７年11月にまとめた「コーポレートガバナンスＯｖｅｒｖｉｅｗ２０１７」では、東証一部、二部上場企業のコーポレートガバナンス担当役員と、機関投資家の最高投資責任者（ＣＩＯ）に対するアンケート調査の結果として、日本企業の「経営層における資本コストに対する意識の共有」を強化するべきと回答した機関投資家の割合は79％であるのに対し、そうした意識の共有を強化した、あるいは強化する予定だと回答した日本企業の割合は25％にとどまっていることを報告しています。

また、同じ調査では、自社の資本コストの数値を詳細に把握している日本企業の割合は40・8％に過ぎないことも示されています。**日本企業の資本コストに対する意識は高まりつつあるものの、機関投資家の意識との間には大きなギャップがある**と言えます。

このＫＰＭＧの調査は東証一部、二部上場企業を対象としたものですから、未上場企業の資本コストに対する意識は、さらに低いことが予想されます。社会人向けのＭＢＡコースの教室においても、「私の勤務先は未上場企業ですから、資本コストは関係ありません」という意見を持っている社会人の受講生が少なくないことも事実です。あるベンチャー企業の経営者からは、コンサルティングの際に「我が社に資本コストの考え方は合わない」と言われたこともあります。

しかしながら、こうした未上場企業であっても、上場を目標にしている、あるいはより現実的に上場を計画する段階になれば、資本コストを意識しなければならなくなります。

実際、私も経営コンサルティング会社に勤務していたころ、上場を控えたある会社から、「社内に資本コストの意識を根づかせるためにはどうすればよいでしょうか？」という相談を受けたことがあります。未上場企業であっても、**上場を意識する段階になれば、経営者および社員が株主や資本コストのことを意識しなければならなくなるのです。**

ある新興国の会社経営者たちと資本コストについて議論していたときに、非常に印象的だった出来事がありました。議論のテーマは、「有利子負債の資本コスト率と株主資本のコスト率のうち、どちらが高いのか？」というものでした。

本章で取り上げた商船三井のケースでもそうであったように、通常は株主資本のコスト率のほうが有利子負債のコスト率を上回ります。有利子負債の利息は、会社が倒産しない限り支払われますが、株主に対しては利益が出なければ配当金を支払うことができませんし、会社が資本コストを上回る利益やキャッシュ・フローを上げることができなければ、（理論上は）株式の値上がり益も株主は享受することができません。

したがって、株主が負担するリスクは負債の提供者である債権者が負担するリスクよりも大きいため、株主は会社に対してより高いリターン（資本コスト）を求めるのです。

こうした考え方をその経営者たちに説明したところ、彼らからの反応は、「我々の国では株主資本コストよりも有利子負債コストのほうが高い」というものでした。彼らの国では銀行などの金融機関システムが未整備であり、しかも金利も高いため、負債による資金調達が難しく、結果として株主資本コストのほうが低いというのが彼らの主張だったのです。

このディスカッションを通じて、私には2つのことが印象に残りました。

その1つ目は、確かにファイナンスの理屈としては、株主資本コスト率は有利子負債コスト率を上回るはずなのですが、その国の状況によっては経営者からの認識が異なる可能性があるということです。もちろん、本当にそうなのかはデータを使って検証するべきですが、少なくとも経営者レベルの意識としては、両者のコストが逆転して認識される可能性があることを、この議論は示唆しています。

そして、もう1つは、資本コストの考え方が、海外の経営者にとって非常に身近なものであるということでした。私とディスカッションをした経営者たちの国は先進国ではなく、いわゆる新興国に属する国です。しかも、彼らの会社は必ずしも株式を上場しているわけではありませんでした。そうした経営者たちとの間で、資本コストの考え方に関して活発な議論を行なうことができたという事実に、私は少なからず驚かされたのです。

こうしたことから考えても、日本企業とその経営者は、資本コストに対して、これまで以上に真摯に向き合う必要があるのではないでしょうか。

第4章

ファイナンス思考力をＫＰＩに活かす

――資本効率を上げるための業績評価指標

この章で身につける「武器」

- ☑ＫＰＩマネジメントにファイナンスを活用する方法
- ☑キャッシュを増やすＫＰＩの選び方
- ☑資本効率を高めるＫＰＩの選び方
- ☑ＫＰＩを使い分けるポイント

ＫＰＩに求められるもの

ＫＰＩがなぜ必要なのか？

ＫＰＩとは、英語の「Key Performance Indicator」の頭文字をとったもので、**業績評価指標や重要業績指標**と呼ばれます。

このＫＰＩは、会社の業績や成果を測るために使われます。ＫＰＩの目標を達成していれば、その会社は望ましい方向に向かっていると判断することができます。一方で、ＫＰＩの目標が未達の場合には、なぜＫＰＩの目標を達成できなかったのかを分析および検討し、対策を打つことによって会社をよりよい方向へと導いていくことができます。

いわば、ＫＰＩは会社にとっての健康診断の数値のようなものです。例えば健康診断で、体重が標準を上回っているという結果が出たとしましょう。こうした結果から、私たちはＫＰＩ（ここでは体重）を標準的な水準の範囲内に収めるために、食事の調整により摂取カロリーを減らしたり、日々の運動量を高めて消費カロリーを増やしたりするといった対策をとらなければならないことがわかります。また、実際にそうした対策を実行することにより、体重を減らし、身体をあるべき状態へと近づけていくことができます。

ＫＰＩは、会社がめざすべきゴールへ向かっていくための羅針盤のような機能を担っているのです。

ファイナンスとＫＰＩの関係

ＫＰＩとして使われる指標には、様々なものがあります。

例えば、Ｐ／ＬをベースとしたＫＰＩとして、**売上高、費用、利益や、これらの数値をもとにした売上高利益率や原価率**などもよく使われます。こうしたＰ／ＬをベースとしたＫＰＩは、従来から様々な会社で使われており、何より現場で働く従業員にとってもなじみ深く、わかりやすいというメリットがあります。したがって、現場における会計リテラシーが必ずしも高くない場合などでは、こうしたＫＰＩを活用することが有効です。

一方で、本書でもここまで述べてきたように、最近では会社経営にファイナンスの視点を盛り込むことが求められています。投資家から調達した資金（資本）を効率的に活用して、投資家が期待する以上の利益やキャッシュ・フローを獲得し、投資家が期待する以上のリターンを上げていかなければ、株価は低迷し会社経営が困難になってしまうからです。

「アクティビスト」と呼ばれる、物言う株主の存在感が増してきたことも、企業が資本効率を高めることへの後押しになっています。数多くの機関投資家を顧客として持つ、米国の議決権行使助言会社最大手であるＩＳＳ（Institutional Shareholder Services）の「２０１８年版日本向け議決権行使助言基準」では、過去5期平均のＲＯＥ（自己資本利益率、株主に帰属する自己資本に対する当期純利益の比率）が5％を下回り、かつ改善傾向にない場合、社長や会長などの経営トップを務める取締役の選任に反対するように勧告しています。

こうした助言会社の基準は、株主総会における機関投資家の議決権行使に大きな影響力を持つため、企業としてもそれを無視することはできません。

また、本章末のコラム（コンサル・ファイル４）でも触れますが、２０１４年に経済産業省から公表された、「持続的成長への競争力とインセンティブ～企業と投資家の望ましい関係構築～プロジェクト最終報告書（伊藤レポート）」では、**８％を上回るＲＯＥを最低ラインとし、それ以上をめざすべきだ**との提言がなされています。

こうしたことから、日本企業においてもファイナンスの視点を盛り込んだ、**資本効率を意識したＫＰＩの導入が加速している**のです。週刊ダイヤモンド（２０１8年3月3日号）が実施した日本を代表する会社のＣＥＯ、ＣＦＯ経験者ならびに経理・財務部門を対象としたアンケート調査によれば、回答者の約3分の2がＲＯＥを経営指標として設定することに対して、「非常に賛成」または「どちらかと言えば賛成」であると答えています。

どのようにファイナンスの視点をＫＰＩに盛り込むか？

それでは、どのようにファイナンスの視点をＫＰＩに盛り込めばよいのでしょうか。

会社経営でよく使われるＫＰＩを踏まえて考えると、指標を設定するときに着目する方向性から、次の３つに指標を分類することができます。

① **キャッシュを稼ぐ力に着目するＫＰＩ**：ＣＦ（キャッシュ・フロー）、ＣＣＣ（キャッシュ・コンバージョン・サイクル、キャッシュ化速度）
② **調達した資本と利益の関係に着目するＫＰＩ**：ＲＯＡ（総資産利益率）、ＲＯＥ（自己資本利益率）、ＲＯＩＣ（投下資本利益率）
③ **資本コストを加味した利益に着目するＫＰＩ**：ＥＶＡ（経済的付加価値）

ここからは、それぞれのＫＰＩについて詳しく説明します。

KPIとしてのCFとCCC

「CF最大化」をめざす意味とは？

最初に取り上げるKPIは、キャッシュを稼ぐ力に着目するCF（キャッシュ・フロー）およびCCC（キャッシュ・コンバージョン・サイクル、キャッシュ化速度）です。

ファイナンスにおいてキャッシュは非常に重要なポジションを占めています。より多くのキャッシュを稼ぎ出すことができれば、そのキャッシュを新たな投資や借入金などの返済、株主への還元等に振り向けることができるからです。

第2章でもキャッシュ・フローについて取り上げましたが、キャッシュを効率よく稼ぐためには、事業における利益の創出と資本効率の向上が必要になります。こうした活動を通じてCFの最大化をめざすことは、投資活動や財務活動における経営の自由度を高めることにつながるのです。

ＫＰＩとしてＣＦを選択する局面

ＣＦをＫＰＩとして設定する場合によく用いられる指標として、**営業ＣＦ（営業活動によるキャッシュ・フロー）**と**ＦＣＦ（フリー・キャッシュ・フロー）**の２つがあります。ここでは、それぞれの指標の活用するべき局面について解説します。

第１章で取り上げたキャッシュ・フロー計算書において表示されている、営業活動によるキャッシュ・フローが営業ＣＦです。

営業ＣＦをＫＰＩとして設定するべき局面としては、将来に向けた投資を積極的に行なわなければならないケースが挙げられます。営業ＣＦを高めることにより、会社の投資余力は大きくなりますので、新たな資金調達を最小限にとどめることが可能となります。大型投資が必要な場合などにおいては、**営業ＣＦをＫＰＩに設定し、それを最大限に高めることで、資金調達に関わるコストを抑制することができます。**

ＦＣＦをＫＰＩに設定するべき局面としては、借入金などの有利子負債を返済し、財務状態を改善したい場合が挙げられます。

ＦＣＦは様々な方法で計算されますが、代表的な計算方法の１つは営業ＣＦに投資活動によるキャッシュ・フロー（投資ＣＦ）を合計する方法です。計算式で表すと、「**ＦＣＦ＝営業ＣＦ＋投資ＣＦ**」となります。通常、投資ＣＦはマイナスの値になっていますから、これは営業ＣＦから純投資額を差し引いたものに相当します。

ＦＣＦは、必要な投資を差し引いた後のキャッシュ・フローですから、ＦＣＦが大きくなるということは、その分、有利子負債の返済に回すことができるおカネが増えることを意味します。したがって、**ＦＣＦをＫＰＩとして設定し、その数値を上げることによって、負債の返済能力を高めることができるのです。**

ところで、ＦＣＦの数値を高めるためには、その計算式からわかるように、２つの道筋があります。１つは、営業ＣＦを高めることであり、もう１つは投資ＣＦを抑えることです。通常、ＦＣＦを高めたい場合には、投資をある程度抑えながら、営業ＣＦを高める方向に動くことになります。

ただし、将来に向けて必要な投資までも控えてしまうと、成長機会を失いかねません。したがって、ある程度必要な投資額は確保したうえで、返済などに必要なキャッシュを稼げるように、営業ＣＦを高めていくという姿が望ましいでしょう。

しかしながら、会社の経営が危機的な状況にあり、止血を最優先しなければならないケースもあります。この場合には、投資を極力抑えて負債の返済を最優先に考える、という選択肢をとらなければなりません。

◉図表4-1　アマゾンの営業CF、投資CFとFCF

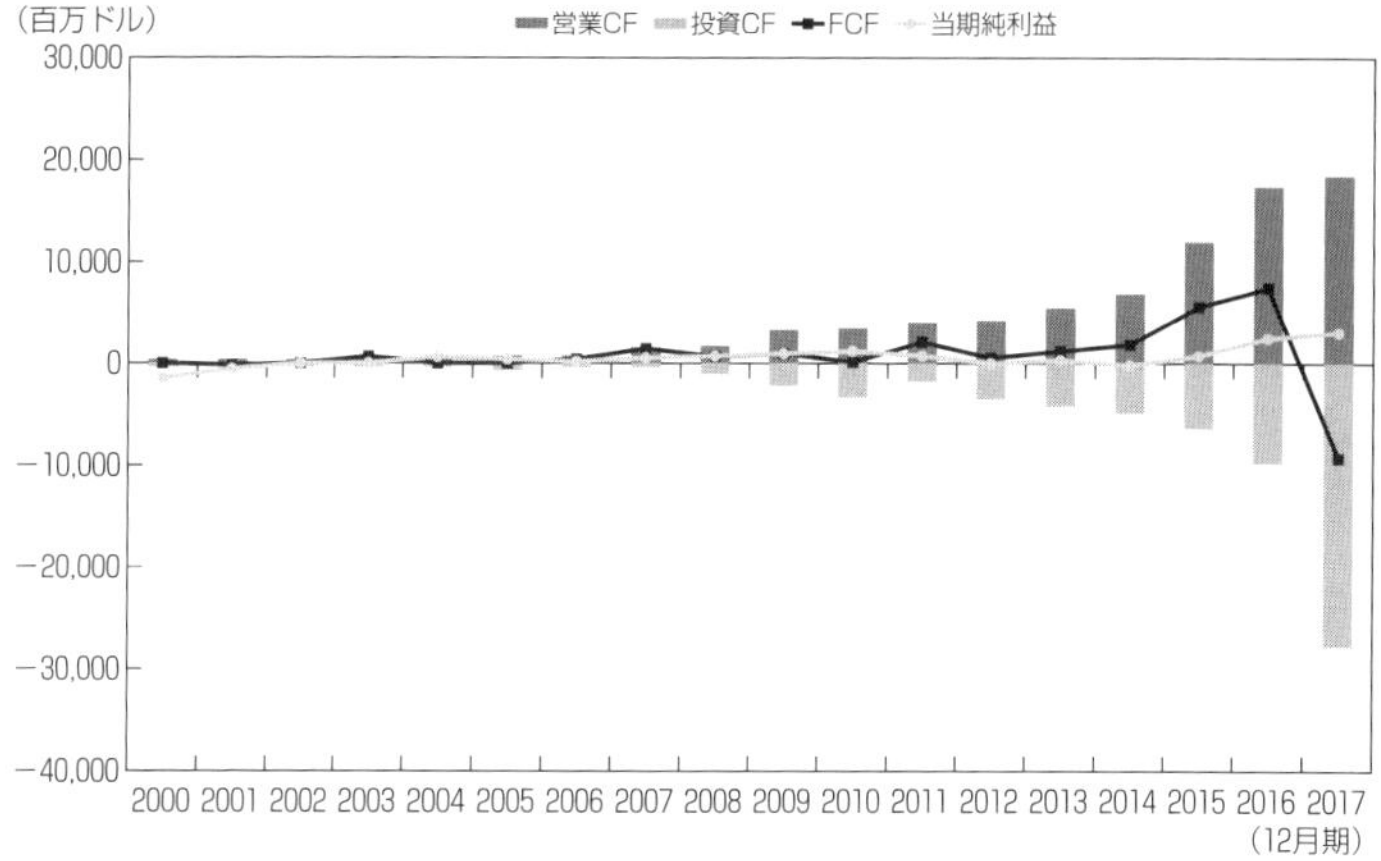

アマゾンのCF

ここでは、日本でもおなじみのネット通販サイト等を運営する**アマゾン**をケースとして取り上げます。

アマゾンの近年の決算プレゼンテーション資料には、決まって「長期的な目標はＦＣＦを最適化することである」(Long-Term Goal - Optimize Free Cash Flows) と記載されています。また、アマゾンのアニュアルレポートでは、多くの企業で通常、最後に掲載されることが多いキャッシュ・フロー計算書が一番目の財務諸表として掲載されています。

これらの点からも、**アマゾンは自社のＫＰＩとしてＦＣＦを重視している**ことがわかります。

アマゾンの財務諸表から、営業ＣＦ、投資ＣＦ、ＦＣＦ（＝営業ＣＦ＋投資ＣＦ）、当期純利益をまとめたものが図表４－１です。

同図表において特筆するべきポイントは、**アマゾ**

◉図表4-2　アマゾンの売上債権、棚卸資産、仕入債務と運転資本

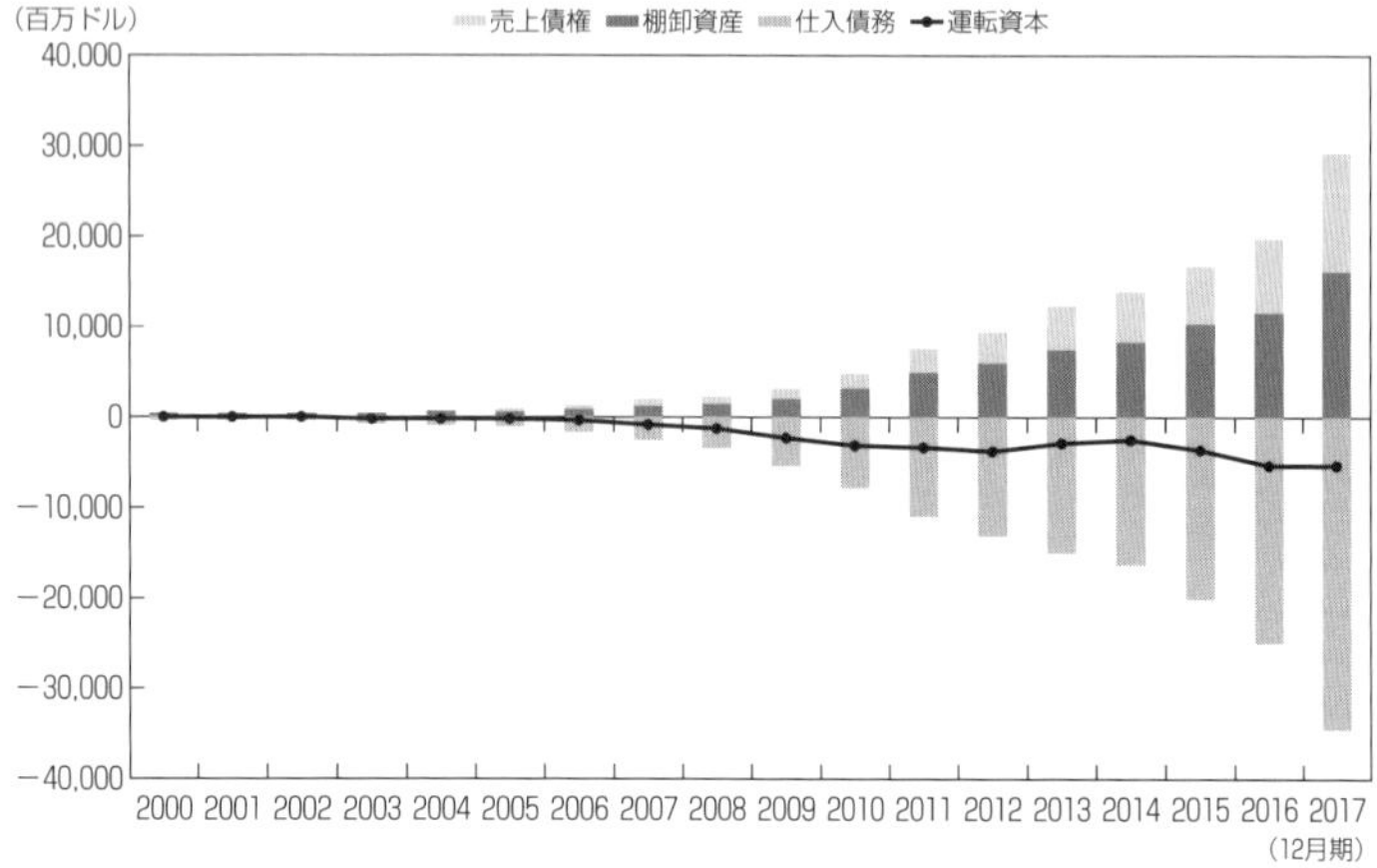

ンではＦＣＦが当期純利益を上回っている年度が多いことです。自然食品を取り扱うスーパーマーケットチェーンであるホールフーズを総額１３７億ドルで買収した２０１７年度はＦＣＦが当期純利益を下回っていますが、それ以外の多くの年度ではＦＣＦが当期純利益を上回っています。

アマゾンは、これまで積極的な先行投資を行なってきていますから、その投資に対する減価償却費が大きくなるため、利益に減価償却費を足し戻すなどして計算される営業ＣＦが当期純利益を上回っていても不思議ではありません。しかしながら、こうした大規模な先行投資を行なっている企業の場合、投資ＣＦが大きなマイナスとなり、ＦＣＦは当期純利益を下回ることが多いのです。

積極的な先行投資を行ないながら、アマゾンが多くの年度で高いＦＣＦを実現できている理由は何でしょうか。その秘密は、営業ＣＦにあります。アマ

ゾンは、多額の先行投資をカバーできるだけの営業CFを稼ぎ出すことで、FCFを高い水準に保っています。

営業CFを増やすためにはどうするべきか?

では、営業CFを増やすためにはどうするべきでしょうか。第2章で取り上げた営業CFを増やすための方法としては、大きく分けて次の2つがありました。

① 営業CFを計算する際の出発点である利益を増やす
② 損益には直接影響しないが、CFに影響を与える要因である運転資本をスリム化する

このうち、①の利益に関しては、131ページの図表4-1に示した当期純利益の推移を見てみると、営業CFを構成する要素としてそれほど大きな金額ではありません。とすれば、アマゾンが高い営業CF、ひいては高いFCFを実現できている背景は、②の運転資本が関係していると推測することができます。

図表4-2は、アマゾンにおける売上債権、棚卸資産、仕入債務および運転資本(=売上債権+棚卸資産-仕入債務)の推移を示したものです。なお、グラフを見やすくするた

◉図表4-3　回転期間指標の計算式

$$売上債権回転期間 = \frac{受取手形・売掛金}{(売上高 \div 365)}（日）$$

$$棚卸資産回転期間 = \frac{棚卸資産}{(売上高 \div 365)}（日）$$

$$仕入債務回転期間 = \frac{支払手形・買掛金}{(売上高 \div 365)}（日）$$

めに、同図表では仕入債務をマイナス側で表示しています（実際の仕入債務の金額はプラスです）。

このグラフで非常に特徴的なのは、**売上債権や棚卸資産の金額に比べて、仕入債務の金額が非常に大きい**ことです。その結果、アマゾンにおける運転資本の金額はマイナスになっており、そのマイナス幅は年々拡大する傾向にあります。

通常、会社における運転資本はプラスになることが多く、売上拡大に伴って必要となる運転資本が増えるため、営業ＣＦが圧迫されるのですが、アマゾンではその傾向が逆になっています。つまり、**アマゾンでは、仕入れに対する支払い期間が長いために、事業規模が拡大するほど運転資本のマイナス幅が拡大し、その結果としてキャッシュが生み出される**構造になっているのです。

KPIとしてCCCを選択する局面

運転資本の効率性を上げるためのＫＰＩとしてよく活用され

るのが、**CCC**（**キャッシュ・コンバージョン・サイクル、キャッシュ化速度**）です。ここでは、CCCについて説明する前に、そのもととなっている財務指標である**回転期間指標**から解説することにしましょう。

図表4－3は、売上債権、棚卸資産および仕入債務の回転期間指標の計算式をまとめたものです。これらは、売上高の何日分に相当する売上債権、棚卸資産、仕入債務を抱えているのかを分析するための指標です。

具体的に言えば、売上債権回転期間は売上債権を現金として回収するまでにかかる期間を、棚卸資産回転期間は在庫を仕入れてから販売するまでの期間を、仕入債務回転期間は在庫を仕入れてから仕入代金を支払うまでの期間を示しています（理論的には、棚卸資産回転期間および仕入債務回転期間の分母を売上原価にするべきという考え方もありますが、ここでは分母はすべて売上高で統一しています）。

なお、同図表の各計算式では期間の単位を「日」にするために、分母を平均日商（＝売上高÷365）としていますが、分母を平均月商（＝売上高÷12）にすれば期間の単位を「ヶ月」とした回転期間を計算することができます。

ここで、運転資本を効率化するという視点から考えると、**売上債権回転期間および棚卸資産回転期間は短いほどよい**ということになります。ただし、棚卸資産回転期間を短くしすぎると、品切れによる機会損失が発生することになりますので、**売り逃しが発生しない**

◉図表4-4　CCCの計算式

CCC=売上債権回転期間＋棚卸資産回転期間－仕入債務回転期間

◉図表4-5　アマゾンの回転期間指標とCCC

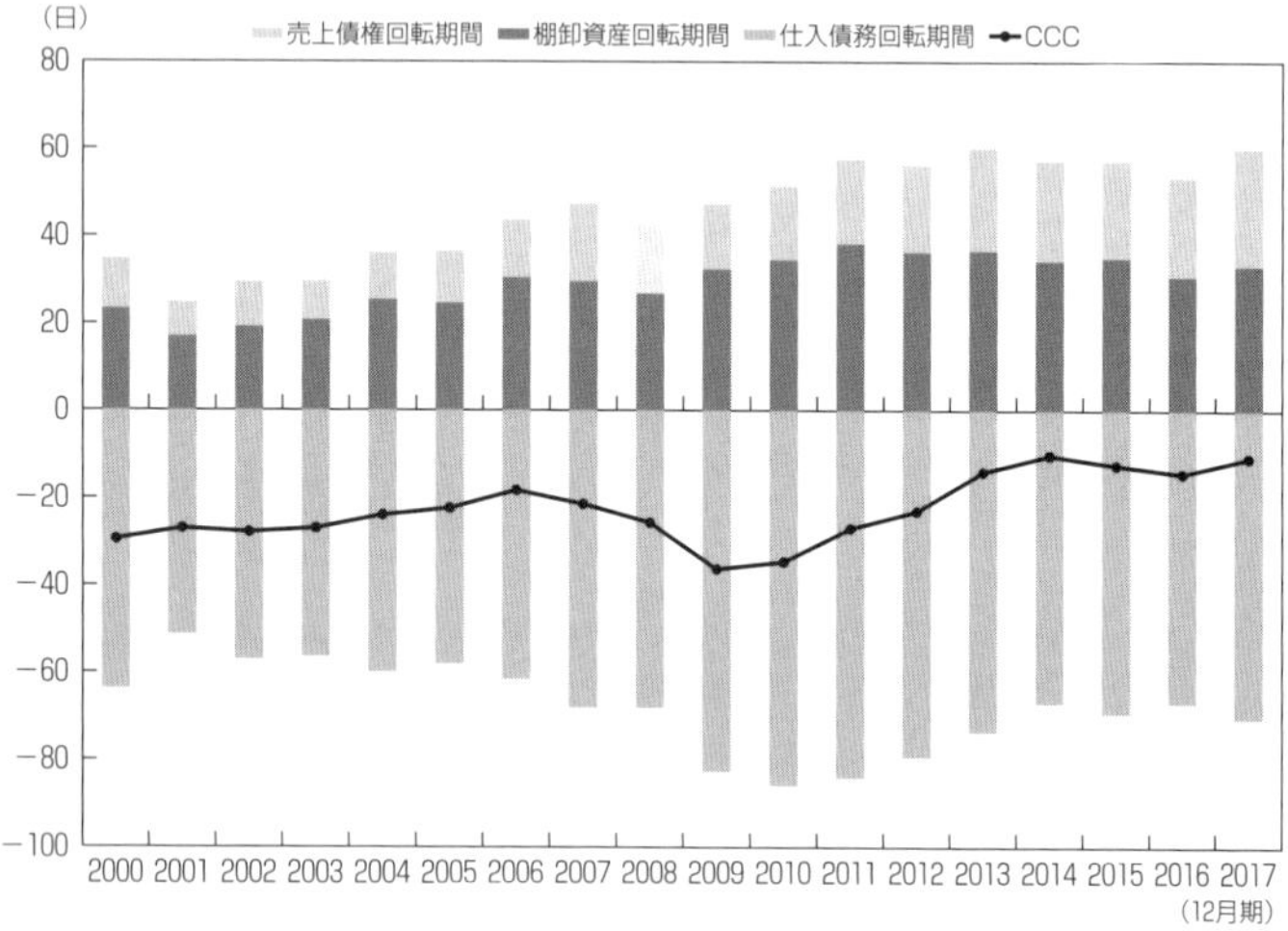

範囲内で短いほどよい、というのが正しい考え方です。

一方で、**仕入債務回転期間に関しては、支払いが先延ばしになる（仕入債務回転期間が長くなる）ほど運転資本の効率に対しては有利**と言えます。

こうした視点から、運転資本の効率化の目標として設定される指標が、ＣＣＣです。ＣＣＣの計算式は、図表４－４に示すとおりです。

ＣＣＣは、会社が事業を行なううえで必要な商品や原材料を仕入れるための代金を支払ってから、最終的に売上が現金として回収されるまでの期間を表しています。**ＣＣＣを短縮するということは、売上債権や棚**

卸資産という形で寝てしまっている現金を早期回収することを意味していますから、その分キャッシュ・フローが増加します。

アマゾンの回転期間指標およびCCCの推移をまとめたものが、図表4－5です。ここでもグラフをわかりやすくするために、仕入債務回転期間をマイナス側に表示しています（実際に計算された仕入債務回転期間はプラスです）。また、近年のアマゾンにおいては電子商取引（EC）事業に加えて、クラウドサービス事業の売上高の割合も高まってきていますので、分母である売上高をEC事業のみにするべきではないかという考え方もあるかとも思いますが、ここではトータルとしての売上高をもとにした平均日商を分母として計算しました。

このグラフを見ると、アマゾンにおける仕入債務回転期間は、棚卸資産回転期間と売上債権回転期間を合計した日数より長くなっており、その結果としてCCCはマイナスになっていることがわかります。2010年以降2014年までの期間において、CCCは徐々に上昇しているものの、その後もマイナスの水準を保っています。

CCCがマイナスであるということは、**仕入代金の支払いのタイミングが売上代金の回収よりも後**であることを意味しています。強い交渉力を背景に、商品のサプライヤーに対する支払いのタイミングを遅らせることで、アマゾンは売上が成長すればするほどキャッシュが生み出される状態をつくり出しています。そして、その成長によって生み出されたキャッシュをさらなる先行投資に投下することで、アマゾンは自社の成長を加速させているのです。

CCCは短いほどよいのか？

運転資本の効率化という視点では、CCCは短いほどよいのですが、会社経営全体を考えると、CCCを最短にすることが会社の経営上ベストであるとは限りません。

例えば、仕入債務回転期間が短いほど、自社のキャッシュ・フロー上は不利になります。しかし、仕入債務の支払いまでの期間を短くすること（仕入債務回転期間を短くすること）は、取引先にとってみれば、売上債権を早期に回収すること（売上債権回転期間が短くなること）を意味します。したがって、仕入債務の支払いまでの期間短縮を、取引先との仕入価格の値下げ交渉の材料にできる場合があります。このような局面では、必ずしもCCCを最短にすることが経営上の最適解ではないと言えます。

また、アマゾンのケースで述べたように、CCCがマイナスであるということは、売上の拡大局面ではキャッシュ・フローの増加につながります。その一方で、売上が縮小する局面では逆にキャッシュ・フローの減少を招きます。

この点について、もう少し詳しく説明しましょう。

ＣＣＣがプラスの会社の場合、事業に必要な運転資本はプラスになっています。したがって、取引条件が変わらない限りは、売上の拡大局面では運転資本が増加（キャッシュ・フローが減少）し、縮小局面では運転資本が減少（キャッシュ・フローが増加）することになります。

一方、ＣＣＣがマイナスの会社では、運転資本がマイナスになっています。したがって、売上が拡大すると運転資本のマイナス額が大きくなります。つまり、売上拡大に伴って運転資本は減少するため、キャッシュ・フローは増加することになります。これに対して、売上高が縮小する局面においては、運転資本のマイナス額が縮小します。これは、マイナスの運転資本が増加すること、すなわち、キャッシュ・フローの減少を意味します。

このメカニズムにより経営破綻に至ったのが、英会話学校のＮＯＶＡです。同社は、受講生からの受講料の前払いによりキャッシュを獲得し、それを新規開校への投資に振り向け、急成長してきました。２００４年3月期における受講料の前払い分を含めたＣＣＣを計算すると、マイナス１５０日近くになっています。マイナスのＣＣＣを投資に活かす構造は、アマゾンと共通です。しかし、その後、売上の減少局面になると状況は一変します。中途解約の増加もあって前払い分が大きく減少し、それが営業ＣＦのマイナスに拍車をかけることになりました。その結果、ＮＯＶＡは資金繰りに行き詰まり、２００７年10月に会社更生法の申請をせざるをえない状況に追い込まれてしまったのです。

KPIとしてのROA、ROE、ROIC

資本に対する利益を測る指標

次に取り上げるのは、会社が集めてきた資金（資本）に対する利益を測る指標です。こうした指標を、**資本利益率**と呼びます。資本利益率の代表的な指標としては、**ROA（総資産利益率）**、**ROE（自己資本利益率）**、**ROIC（投下資本利益率）**があります。

これらの指標は、会社が調達した資本をいかに効率的に使って利益を生み出したのかを示しています。

第1章でも取り上げたように、ファイナンスの役割とは、資金調達、投資、そして利益やキャッシュ・フローの創出を通じて企業価値を高めることにあります。そのなかで、調達した資本を有効活用し、高い利益を上げることは非常に重要です。なぜなら、調達した資本にはコスト（資本コスト）がかかっているからです。資本利益率をKPIとして設定し、それを高めていくことは、会社における資本効率の向上に寄与します。

◉図表4-6　ROAとROEの計算式

$$\text{ROA} = \frac{\text{利益}}{\text{総資産}} \times 100(\%)$$

$$\text{ROE} = \frac{\text{親会社株主に帰属する当期純利益*}}{\text{純資産}} \times 100(\%)$$

*2016年3月期以前は「当期純利益」

KPIとしてROA、ROEを選択する局面

図表4－6は、ROAおよびROEの計算式を示したものです。本来、ROEの分母には純資産ではなく自己資本（純資産から新株予約権および非支配株主持分〔少数株主持分〕を差し引いたもの）を使用するべきですが、ここでは指標を単純化するために、あえて分母には純資産を入れています。

ROAはその会社が使っている総資産（総資本）を、いかに有効活用して利益を生み出しているのかを測るための指標です。ROEは純資産を、いかに有効活用して利益を生み出しているのかを測るための指標です。

ROAの分子の利益としては、目的に応じて営業利益や経常利益など、様々な利益を入れて計算することができますが、ROEの分子となるのは、基本的に「親会社株主に帰属する当期純利益」（2016年3月期以前では当期純利益）だけです。というのも、ROEは、株主に帰属する資本（純資産）に対して、株主に帰属する利益をどれだけ生み出したのかを測る指標だからです。

上場企業では不特定多数の株主から資金調達を行なっており、株主

の視点を経営に取り入れるためにはROEはとても有効な指標です。しかしながら、オーナーが100%出資しているような**中小企業の場合には、ROEよりもROAを重視したほうがよい**でしょう。

KPIとしてROAやROEを設定する場合、これらの指標をどのようにして高めていくのか、その道筋が非常に重要になります。こうした道筋を描く際には、ROAやROEを複数の指標に分解して検討する方法が有効です。特に、ROEの分解式は、米国の化学メーカーであるデュポンが経営管理に取り入れていたことから、「デュポン・システム」とも呼ばれています。

図表4－7および図表4－8は、ROAとROEの分解式を示したものです。

ROAは総資産回転率と売上高利益率の2つの指標の掛け算に分解できます。詳細は割愛しますが、総資産回転率は企業の効率性を、売上高利益率は収益性を表す指標です。この分解式から、**効率性を示す総資産回転率を高めるか、あるいは収益性を表す売上高利益率を高めることにより、ROAの数値を高めることができる**ことがわかります。

一方、ROEはまず「親会社株主に帰属する当期純利益」（図表4－8では単に当期純利益と表記しています）を分子としたROAと、財務レバレッジの掛け算に分解されます。そしてさらに、先ほどのROAの分解式を使うことで、ROEは総資産回転率、売上高当期純利益率および財務レバレッジの3つの指標の掛け算に分解することができます。

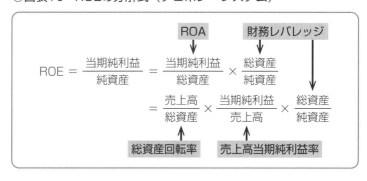

◉図表4-7　ROAの分解式

$$\text{ROA} = \frac{\text{利益}}{\text{総資産}} = \frac{\text{売上高}}{\text{総資産}} \times \frac{\text{利益}}{\text{売上高}}$$

総資産回転率（$\frac{\text{売上高}}{\text{総資産}}$）　売上高利益率（$\frac{\text{利益}}{\text{売上高}}$）

◉図表4-8　ROEの分解式（デュポン・システム）

ROA（$\frac{\text{当期純利益}}{\text{総資産}}$）　財務レバレッジ（$\frac{\text{総資産}}{\text{純資産}}$）

$$\text{ROE} = \frac{\text{当期純利益}}{\text{純資産}} = \frac{\text{当期純利益}}{\text{総資産}} \times \frac{\text{総資産}}{\text{純資産}}$$

$$= \frac{\text{売上高}}{\text{総資産}} \times \frac{\text{当期純利益}}{\text{売上高}} \times \frac{\text{総資産}}{\text{純資産}}$$

総資産回転率（$\frac{\text{売上高}}{\text{総資産}}$）　売上高当期純利益率（$\frac{\text{当期純利益}}{\text{売上高}}$）

ここで、財務レバレッジとは、総資産を純資産で割ったもので、安全性の指標である自己資本比率の逆数（分数の分母と分子を入れ替えたもの）です。**ＲＯＡがプラスであれば、財務レバレッジを上げることによりＲＯＥを増加させる**ことができますが、**財務レバレッジを上げるということは自己資本比率を下げることになるため、会社の安全性が低下する**ことになる点には注意が必要です。

また、業績不振などで損失を出し、純資産が大きく目減りしている会社では、財務レバレッジが非常に大きくなり、ＲＯＥが極端な値に振れてしまいます。こうした会社においては、ＲＯＥをＫＰＩに据えることは望ましくあ

◉図表4-9　コマツのROEとROA

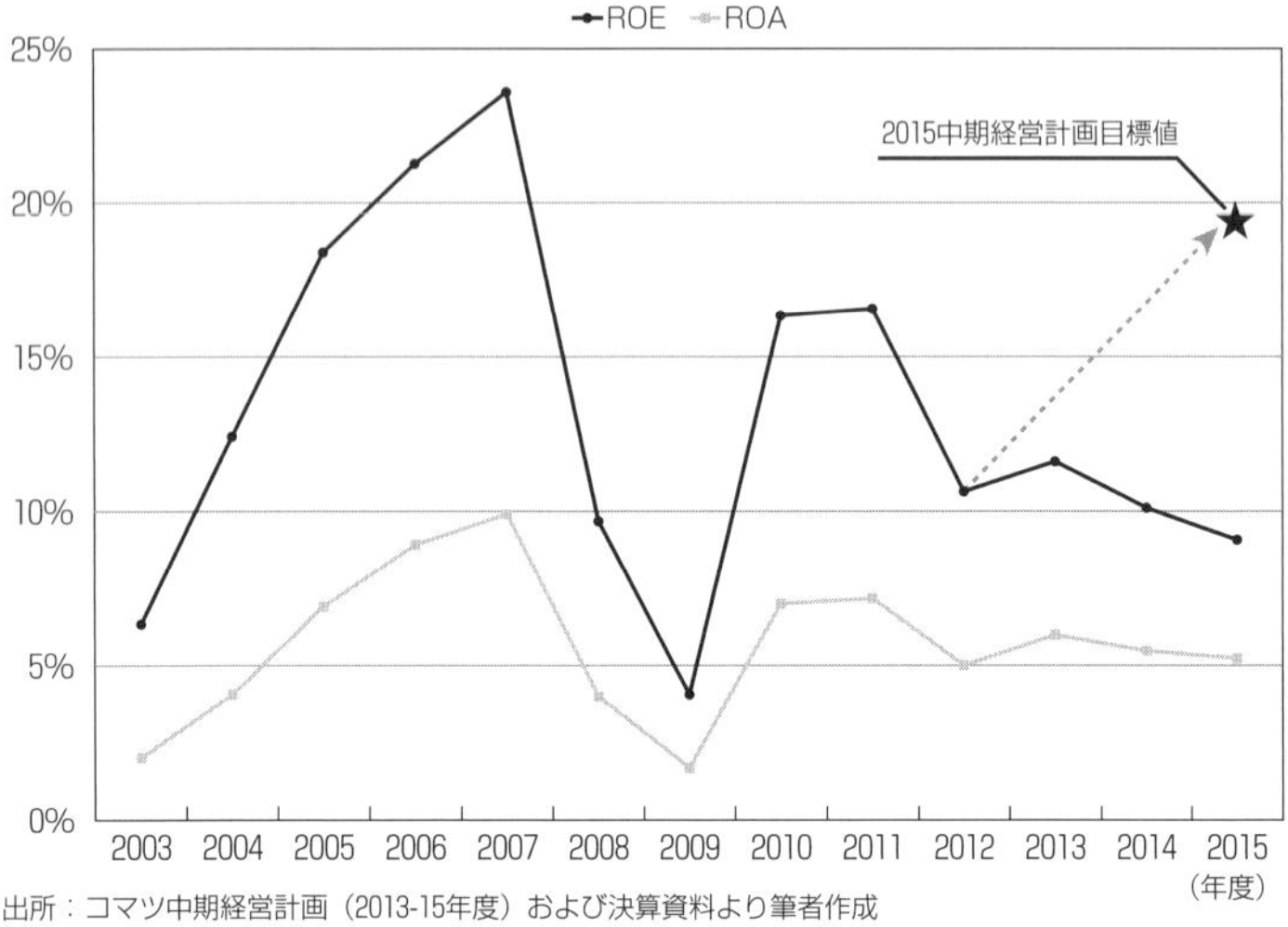

出所：コマツ中期経営計画（2013-15年度）および決算資料より筆者作成

りません。

コマツのROE

ここでは、建設機械メーカーの**小松製作所**（以下、コマツ）をケースとして取り上げます。コマツでは、KPIの1つとしてROEを掲げています。例えば、2013年4月に公表された2013－2015年度中期経営計画（以下、2015中期経営計画）では、2016年3月期にROE18～20％の水準をめざすという目標が掲げられていました。

図表4－9は、コマツのROE、ROA（分子に「親会社株主に帰属する当期純利益」を入れたもの）の推移をグラフにしたものです。この図表からわかるように、コマツのROEは2007年度には20％を超えてい

ましたが、その後リーマンショックの影響で大きく落ち込み、2012年度では10％強の水準にありました。

2015中期経営計画では、このROEを、2005年度～2007年度の水準近くまで引き上げるという目標を立てていました。しかしながら、その後の実績を見てみると、2015中期経営計画の最終年度である2015年度のROEは9％前後にとどまり、目標を達成することができませんでした。

コマツはなぜROEの目標を達成できなかったのか？

ここでは、コマツがなぜROEの目標を達成できなかったのかを分析していきますが、その前にコマツは、どのようにして2015中期経営計画においてROEの目標を達成しようとしていたのかを推測してみましょう。

前ページで述べたように、コマツの2015年度に向けたROEの目標値は18～20％でしたが、それに加えて売上高営業利益率18～20％という目標も掲げていました。また、その前提となる売上高を2兆3000億円前後と見積もっていました。

以上のデータをもとにして、コマツがどのようにしてROEの目標を達成しようとしていたのか、ROEを構成する3つの要素である総資産回転率、売上高当期純利益率、財務

◉図表4-10　コマツの総資産回転率、売上高当期純利益率と財務レバレッジ目標の推定

	2012実績	2015目標	2015実績
ROE	10.6%	18 ～ 20%	9.1%
売上高営業利益率	11.2%	18 ～ 20%	11.2%
売上高（億円）	18,850	23,000	18,550
総資産（億円）	25,179	25,200	26,147
総資産回転率	0.75回	0.91回	0.71回
営業利益（億円）	2,116	4,600	2,086
当期純利益（億円）	1,263	2,746	1,374
売上高当期純利益率	6.7%	11.9%	7.4%
自己資本比率	47.4%	60%	58.0%
財務レバレッジ	2.11倍	1.67倍	1.72倍

目標ROE＝総資産回転率×売上高当期純利益率×財務レバレッジ＝約18%
（0.91回）　（11.9%）　（1.67倍）

注：実績ROEについては、計算式の違いからコマツ公表値と一致しない
出所：コマツ中期経営計画（2013-15年度）、決算資料および新聞記事などより筆者作成

レバレッジをベースに推定してみます（図表4－10）。

まず、総資産回転率から推定してみましょう。2012年度におけるコマツの総資産回転率は0・75回でした。ここで、総資産が2012年度から2015年度にかけてほぼ同額であると仮定すると、売上の成長を見込んでいるため、2015年度における総資産回転率の目標値は0・91回となります。この数値が、2015年度における総資産回転率の目標値だったのではないかと推測できます。

次に、売上高当期純利益率について見てみます。繰り返しになりますが、コマツでは2015年度におい

て売上高営業利益率の目標値を18～20％に設定していました。売上高営業利益率の目標を20％とし、これに目標売上高（2兆3000億円）を掛け合わせると、2015年度における営業利益目標額は4600億円となります。当期純利益が営業利益に比例すると仮定すると、2015年度における当期純利益の目標額は2746億円となり、売上高当期純利益率の目標は11・9％と推定できます。

最後に、財務レバレッジです。2013年5月23日付日本経済新聞によると、コマツは2015年度までに自己資本比率を6割にまで引き上げる計画だとしています。すでに説明したように、財務レバレッジは自己資本比率の逆数ですから、この計画に従うとすれば、財務レバレッジは2012年度の2・11倍から、2015年度には1・67倍へと低下するはずです。

以上から、コマツでは総資産回転率を0・75回から0・91回に、そして売上高当期純利益率を6・7％から11・9％に引き上げる一方で、財務レバレッジを2・11倍から1・67倍に引き下げる計画だったと推定できます。実際、2015年度目標値として推定した総資産回転率（0・91回）と売上高当期純利益率（11・9％）および財務レバレッジ（1・67倍）を掛け合わせると、約18％となり、これはコマツが立てたROEの目標値とほぼ一致します。

つまり、コマツでは、自己資本比率を引き上げる（財務レバレッジを引き下げる）一方で、総資産回転率および売上高当期純利益率を高めることによりＲＯＥの目標を達成しようとしていたことがわかります。自己資本比率を引き上げることは、財務基盤の強化につながりますが、ＲＯＥにとってはマイナスに作用します。しかしながら、それ以上に効率性や収益性を高めることで、ＲＯＥの目標を達成する計画だったのでしょう。

１４３ページで述べたように、財務レバレッジを高めることはＲＯＥに対してプラスに作用しますが、経営の安全性を損なうという副作用を伴います。したがって、コマツのように財務レバレッジを引き下げる一方で、効率性と収益性を高めてＲＯＥの目標を達成しようという姿勢は、経営の安全性を高めつつ、株主の期待にも応えることにつながりますから、ポジティブに評価することができます。

しかしながら、１４６ページの図表４－10の右端にある、２０１５年度の実績値を参照すると、実際の総資産回転率は０・７１回と２０１２年度より低下しており、売上高当期純利益率は７・４％と、２０１２年度と比較して微増にとどまりました。一方、財務レバレッジについては１・７２倍と、ほぼ計画どおりの水準まで引き下げられました。

すなわち、負債の返済は順調に進んだ結果、財務基盤は強化されましたが、財務レバレッジの低下がＲＯＥにマイナスに作用したことに加え、売上の伸び悩みから総資産回転率がやや減少し、売上高当期純利益率も微増にとどまったために、ＲＯＥの目標値を達成することができなかったと解釈することができます。

ＫＰＩは、自社の目標達成へとドライブする強力なツールですが、ＫＰＩを設定したからといって必ず目標が達成できるわけではありません。**より重要なのは、ＫＰＩの目標が未達だったときに、なぜ達成できなかったのかを分析し、次のアクションにつなげることです。**ＫＰＩマネジメントにおいては、**ＰＤＣＡ**（Plan Do Check Action）サイクルを回し続けることが極めて重要なのです。

コマツがＲＯＥをＫＰＩとしている理由は何か？

ところで、改めて１４４ページの図表４－９を見てみると、期間の前半ではＲＯＥとＲＯＡの数値の開きが大きく、ＲＯＥの変動も大きくなっている一方で、期間の後半になるとＲＯＥとＲＯＡの数値の開きが小さくなり、ＲＯＥの変動幅が小さくなっていることがわかります。

これは、コマツが自己資本比率を引き上げたことによって、財務レバレッジが低下したことが原因です。実際、２００３年度に31・6％だった自己資本比率は、２０１５年度には58・0％まで上昇しています。

このような状況であれば、ＫＰＩをＲＯＥでなくＲＯＡに設定してもよいのではないか、と考える方もいるのではないでしょうか。２０１５中期経営計画においてコマツがめざしていたのは、財務レバレッジの引き上げに頼ってＲＯＥを高めることではなく、総資産回転率と売上高当期純利益率（および、その２つの指標を掛け合わせたＲＯＡ）を高めることです。こうした観点からすれば、コマツがＫＰＩとして財務レバレッジに影響されないＲＯＡを設定してもよいのではないかという意見には、一定の合理性があります。

しかし、実際にコマツが中期経営計画におけるＫＰＩとして設定したのはＲＯＥです。これは、２０１５中期経営計画の次の計画である２０１６−２０１８年度中期経営計画でも同様です（ただし、この中期経営計画におけるＲＯＥの目標水準は10％レベルに引き下げられています）。

コマツが自社のＫＰＩとしてＲＯＥを掲げ続ける理由は何でしょうか？

私はこの理由について、コマツが株主を重視する姿勢を明確にしたいためではないかと考えています。

コマツでは、ＲＯＥ以外の経営目標として、成長投資と株主還元のバランスをとることと、**連結配当性向**（当期純利益に対する配当の割合）40％をめざすことを明言しており、株主重視の姿勢を打ち出しています。また、取締役の業績連動報酬を算出する基礎として、連結ＲＯＥ70％、連結ＲＯＡ30％の割合で重みづけをした指標で評価を行なっています。

ＲＯＥをＫＰＩとすることで、コマツは株主の期待に応えようとしていることを投資家に対して明確に伝えたいのではないでしょうか。

◉図表4-11　ROICの計算式

$$\mathrm{ROIC} = \frac{\text{利益}}{\text{投下資本}} \times 100(\%)$$

◉図表4-12　投下資本の考え方

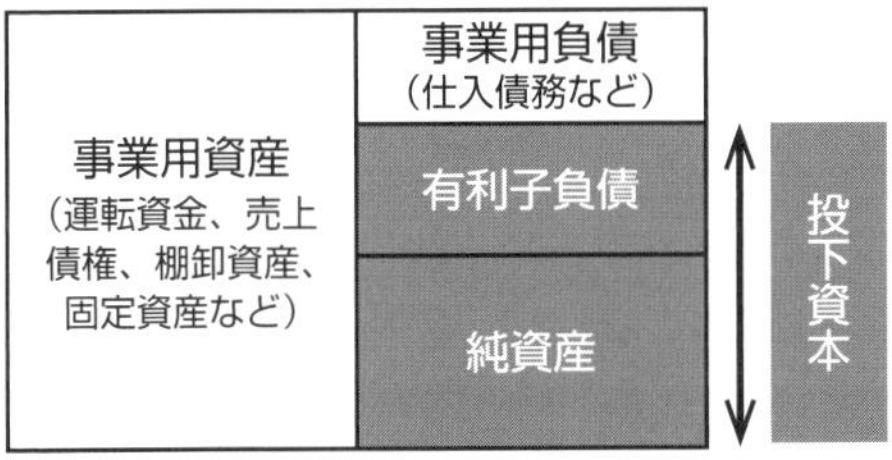

投下資本＝有利子負債＋純資産
＝事業用資産－事業用負債

ROICとはどのような指標か?

続いて、ROIC（投下資本利益率）を取り上げます。図表4－11は、ROICの計算式を示したものです。ROICは、分母に投下資本、分子に利益を入れて計算します。

ここで、ROICの分母である投下資本の考え方に触れておきましょう。図表4－12に示すように、投下資本を計算するときには2つの方法があります。1つ目は、資金調達サイドから計算する方法です。この場合、投下資本は有利子負債と純資産を合計して計算します。2つ目の方法では、資金運用サイドから計算します。このときは、事業用資産（運転資金、売上債権、棚卸資産、固定資産など）から事業用負債（仕入

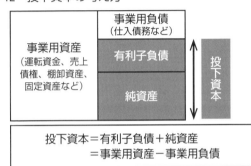

債務など）を差し引いて投下資本が計算されます（なお、厳密には投下資本の計算を行なう場合にはより細かな調整が必要ですが、本書では簡便な方法にとどめます）。

ＲＯＩＣの分子に入る利益としては、「税引後営業利益」（英語の「Net Operating Profit After Tax」の頭文字をとって**ＮＯＰＡＴ**とも呼ばれます）が理論的に正しいとされています。

なぜなら、ＲＯＩＣの分母である投下資本は有利子負債を提供した債権者と純資産を提供した株主に帰属する資本ですから、分子の利益も、債権者へのリターンである支払利息を差し引く前の営業利益から税金を差し引いた「税引後営業利益」が、有利子負債の債権者と株主に帰属する利益であると考えられるためです。

しかしながら企業の実務においては、（税引前の）営業利益や、当期純利益が分子として用いられるケースも少なくありません。

なぜＲＯＩＣが注目されているのか？

近年、ＲＯＩＣを導入する企業が増えています。例えば**オムロン**では、２０１２年よりＲＯＩＣをＫＰＩとした「ＲＯＩＣ経営」を実践し、進化させています。それ以外にも、**川崎重工業**や**アサヒグループＨＤ**、**三菱ケミカルＨＤ**、**日本ペイントＨＤ**などがＲＯＩＣ

をＫＰＩとして導入することを表明しています。

ＲＯＡ、ＲＯＥと比較してＲＯＩＣが優れている点は何でしょうか。ＲＯＥに対する優位性としては、ＲＯＩＣが財務レバレッジの影響を受けにくい指標であるということが挙げられます。前で述べたように、ＲＯＥには財務レバレッジが影響を与えます。したがって、収益性や効率性の水準が変わらなかったとしても、財務レバレッジを高めることで、ＲＯＥの数値を増加させることが可能です。

しかしながら、高すぎる財務レバレッジは資本構成の安定性を損ない、経営の安全性を低下させてしまいます。一方、**ＲＯＩＣは有利子負債と純資産の合計（あるいは事業用資産から事業用負債を差し引いた金額）である投下資本を分母に入れて計算しますので、財務レバレッジの影響を受けにくいのです。**

すでに取り上げたＲＯＡについても、分母が総資産になっていますから、財務レバレッジの影響を受けることはありません。しかしながら、ＲＯＡでは、目標値の設定が難しい、ということが問題になります。その点、**ＲＯＩＣについてはＷＡＣＣ（加重平均資本コスト率）との比較が可能**であるというメリットがあります（これについては、後ほど取り上げるＥＶＡのところで詳しく説明します）。ＲＯＩＣがＷＡＣＣを上回る水準であれば企業価値が創造されると考えられるため、ＲＯＩＣの目標水準設定の目安としてＷＡＣＣを用いることができるのです。

一方、ＲＯＩＣにはデメリットもあります。その1つは、ＲＯＡやＲＯＥといった指標に比べるとやや理解が難しいことです。**投下資本やＷＡＣＣの考え方を十分に理解しないといけないため、ＲＯＩＣを導入するうえでのハードルはやや高い**と言えます。

また、**縮小均衡に陥る危険性があることもＲＯＩＣのデメリット**の1つです。このデメリットはＲＯＡやＲＯＥにも共通して言えることですが、資本を分母とする比率指標の場合、分母である資本を削減することにより、ＫＰＩの数値を高めることが可能です。

したがって、短期志向でこれらの指標の値を改善しようとする場合、新規投資が行ないにくくなったり、事業規模を縮小させる行動を誘発したりするおそれがあります。こうした点については十分注意する必要があります。

例えば、ＪＴの新貝副社長（当時）は、1990年代前半に同業他社がＲＯＥを重視しすぎるあまり、株主還元競争を行なった結果、「体力のない会社は投資がおろそかになり、商品力が落ちていった」と指摘しています（日経ビジネス2015年6月22日号）。

ＫＰＩとしてのＥＶＡ

資本コストを考慮したＫＰＩ

資本コストは、ファイナンスのなかでも非常に重要な位置づけを占めています。調達した資本にはコストがかかり、企業はそれを上回る利益、キャッシュ・フローを事業から上げなければなりません。

しかしながら、財務諸表の１つであるＰ／Ｌには「資本コスト」という項目は登場しません。債権者に対するコストである支払利息は営業外費用において計上されていますが、株主に対するコストはＰ／Ｌでは考慮されていません。

つまり、**Ｐ／ＬやＢ／Ｓ上の数値をもとに計算された財務指標では、資本コストは考慮されていない**のです。こうした点を克服するために考えられたＫＰＩが、これから取り上げる**ＥＶＡ**です。

◉図表4-13　EVAの計算式

$$\mathrm{EVA} = \text{税引後営業利益} - \text{資本コスト}$$

$$= \text{営業利益} \times (100\% - \text{実効税率}) - \text{投下資本} \times \mathrm{WACC}$$

$$= \left\{ \frac{\text{営業利益} \times (100\% - \text{実効税率})}{\text{投下資本}} - \mathrm{WACC} \right\} \times \text{投下資本}$$

↑ ROIC（投下資本利益率）

■ EVAの考え方と企業価値

ＥＶＡは英語の「Economic Value Added」の頭文字をとったもので、**経済的付加価値**と訳されます。このＥＶＡは米国のコンサルティング会社であるスターンスチュワート社が開発したもので、ＥＶＡという名称は同社の商標として登録されています。

ＥＶＡの計算式は図表４－13のように表されます。なお、厳密にＥＶＡを計算するときには様々な項目を調整する必要があるのですが、ここではＥＶＡの本質的な考え方をつかむことが重要ですので、最も簡便な計算式を示しています。

ＥＶＡは、税引後営業利益（ＮＯＰＡＴ）から投下資本（有利子負債と純資産）のコストを差し引くことで計算されます。

投下資本のコストは、Ｂ／Ｓから計算した投下資本の金額に、第３章で取り上げたＷＡＣＣ（加重平均資本コスト率）を掛け合わせて計算されます。

少し高度な内容となりますが、時価ベースで計算されたＷＡＣＣに対して簿価（Ｂ／Ｓの帳簿上の価格）の投下資本を掛け合わせることに対して違和感を持つ方もいるかもしれません。簿価の投下資本を使うのは、将来のＥＶＡをベースに計算する企業価値と、将来のキャッシュ・フローをベースに計算する企業価値（将来キャッシュ・フローから企業価値を計算する方法については第5章で説明します）を一致させるためなのですが、その詳細に触れることは本書の内容を超えますので、この点について詳しく知りたい方は、本書巻末の参考文献に掲載した『企業価値評価　第6版』（マッキンゼー・アンド・カンパニー他著）や『ＥＶＡによる価値創造経営』（スターンスチュワート社著）などを参照してください。

また、ＥＶＡを計算するときの利益としては、税引後営業利益を使用します。これは、ＲＯＩＣを計算するときの利益として税引後営業利益を用いるのと同じ考え方に基づいています。ＥＶＡの計算時に差し引く資本コストは有利子負債コストと株主資本コストの双方ですから、それらを差し引く前の利益としては、有利子負債の債権者と株主に帰属する利益を使う必要があります。したがって、支払利息を差し引く前、かつ税金を差し引いた後の利益である、税引後営業利益を使用するのが適切です。こうした考え方を図式化したものが、次ページの図表４－14です。

税引後営業利益から有利子負債コストと株主資本コストを差し引いて残った利益であるＥＶＡがプラスである場合は、その会社はすべてのステークホルダーに対するコストを支払ったうえで利益を生み出していることになります。つまり、**ＥＶＡがプラスである場合**

◉図表4-14　EVAの考え方

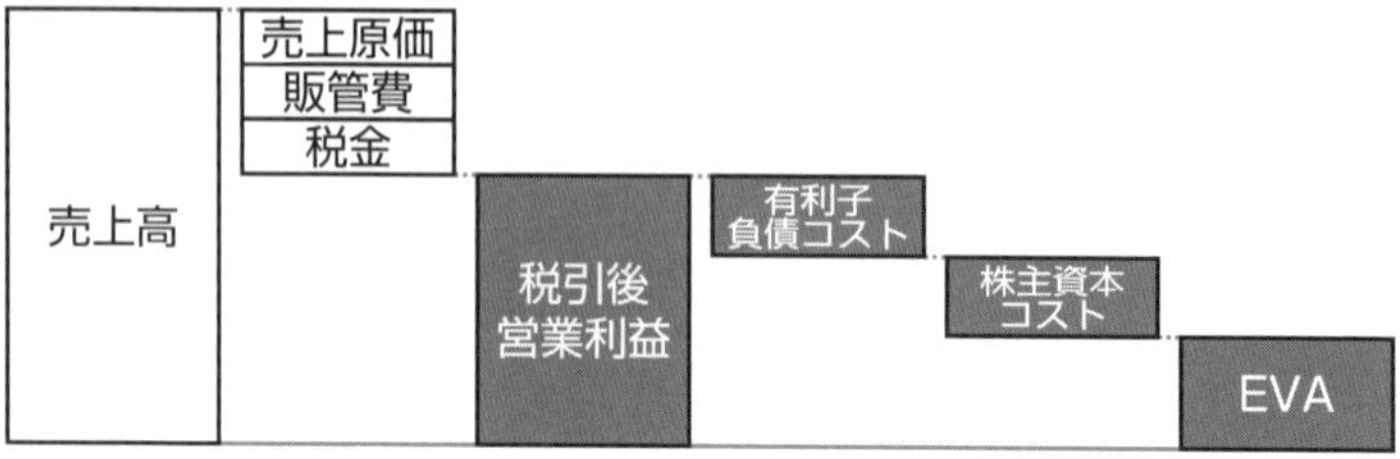

には、その会社は企業価値を高めることができていると言えます。

EVAとROICの関係

ところで、１５６ページの図表４－13に示したＥＶＡの計算式を展開していくと、同図表の３行目に示すように、ＥＶＡは税引後営業利益を分子としたＲＯＩＣ（投下資本利益率）からＷＡＣＣを差し引いたものに、投下資本の金額を掛け合わせることによって算出することができます。

このことから、ＲＯＩＣがＷＡＣＣを上回っていれば、ＥＶＡはプラスになることがわかります。これが、ＲＯＩＣの目標値の目安としてＷＡＣＣを使うことができる（ＷＡＣＣと比較できる）と説明した理由です。

したがって、投下資本の金額とＷＡＣＣが変わらなければ、ＲＯＩＣを高めることでＥＶＡを増加させることができます。

■ピジョンのＰＶＡ経営

ここでは、ベビー用品などの製造・販売を行なっているピジョンの事例を取り上げます。ピジョンでは、ＥＶＡの考え方をもとにした「ＰＶＡ（Pigeon Value Added）」という指標を２０１５年１月期から公表しています。

ＰＶＡは、税引後営業利益（ＮＯＰＡＴ）から投下資本とＷＡＣＣを掛け合わせた資本コストを差し引いて計算されるので、考え方としてはＥＶＡに類する指標ととらえることができます。

ピジョンがＰＶＡを導入した理由として、同社の山下茂社長は、「どのように資金を効率的に稼いでいくか、言い換えるとより企業価値を高めているか。それをより合理的に数値で説明する方法の１つが、ＰＶＡなのです」と述べています。

ピジョンの事例において着目するべき点は大きく２つあります。

１つ目は、ＰＶＡの数値を決算発表時に公表している点です。ＥＶＡに類するＫＰＩを導入している企業は数多くありますが、その数値を公表している例は多くありません。このようなＰＶＡの公表は、ピジョンが投資家を重視している姿勢を表しています。

２つ目は、ＰＶＡを高めるための仕組みを構築している点です。その１つが、次ページの図表４－15に示すような「ＰＶＡツリー」です。

◉図表4-15　ピジョンのPVAツリー（金額、2018年1月期）

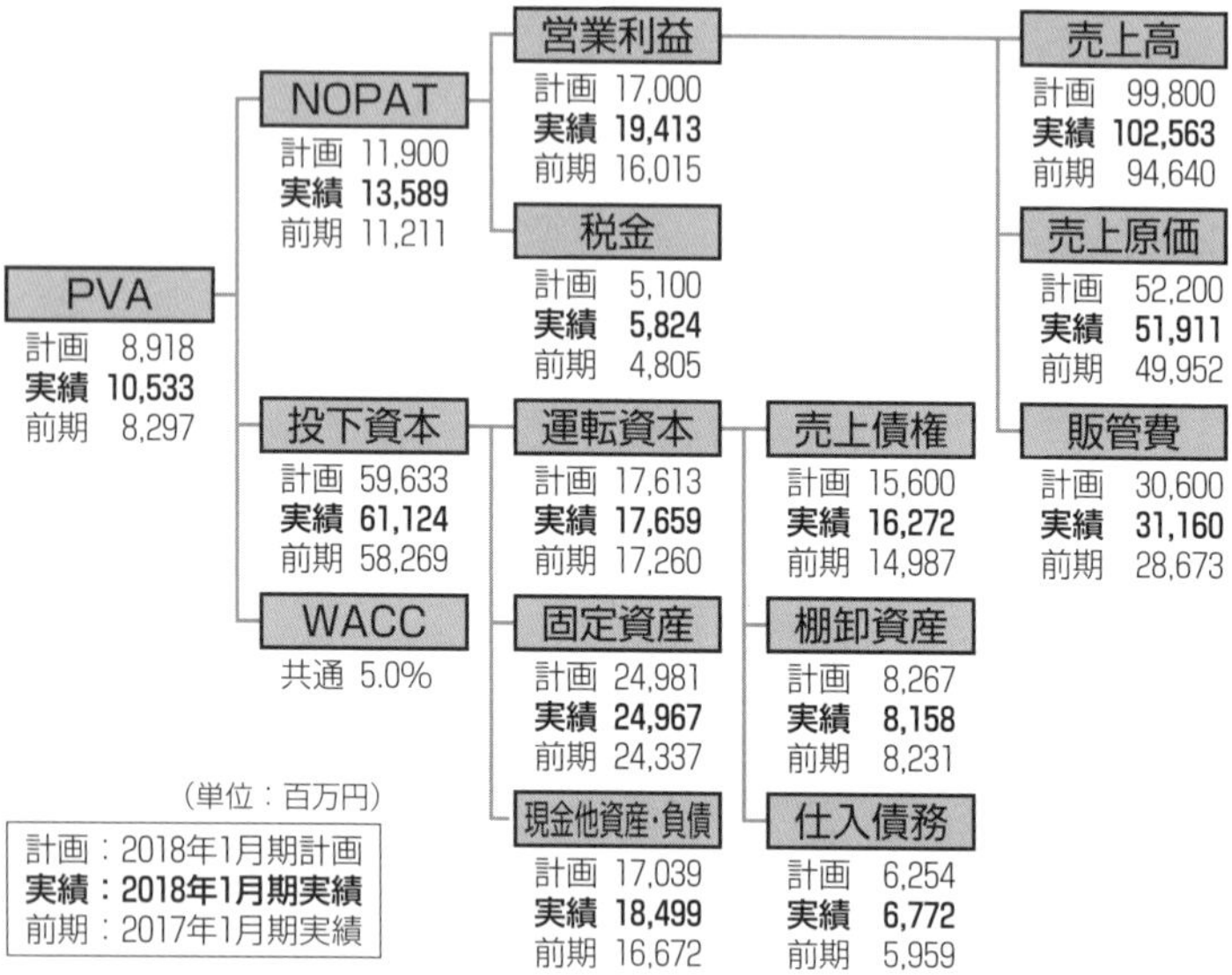

出所：ピジョン決算説明会資料（2018年1月期）

ＰＶＡツリーは、ＰＶＡを構成する要素を分解し、どうすればＰＶＡを高めることができるのかをわかりやすく表したものです。ピジョンでは、各部門においてＰＶＡの具体的な展開目標を掲げ、個人ベースにまで落とし込んでいます。

このようにＰＶＡを分解し、具体的な目標まで落とし込むことは、こうした指標を社内に浸透させるうえで非常に重要です。

また、ピジョンでは図表４－16に示すような比率ベースでのＰＶＡツリーも公表しています。ツリーの根元となっている「ＰＶＡスプレッド」とは、ＲＯＩＣからＷＡＣＣを差し引いた数値のことです。このＰＶＡスプレッド

◉図表4-16　ピジョンのPVAツリー（比率、2018年1月期）

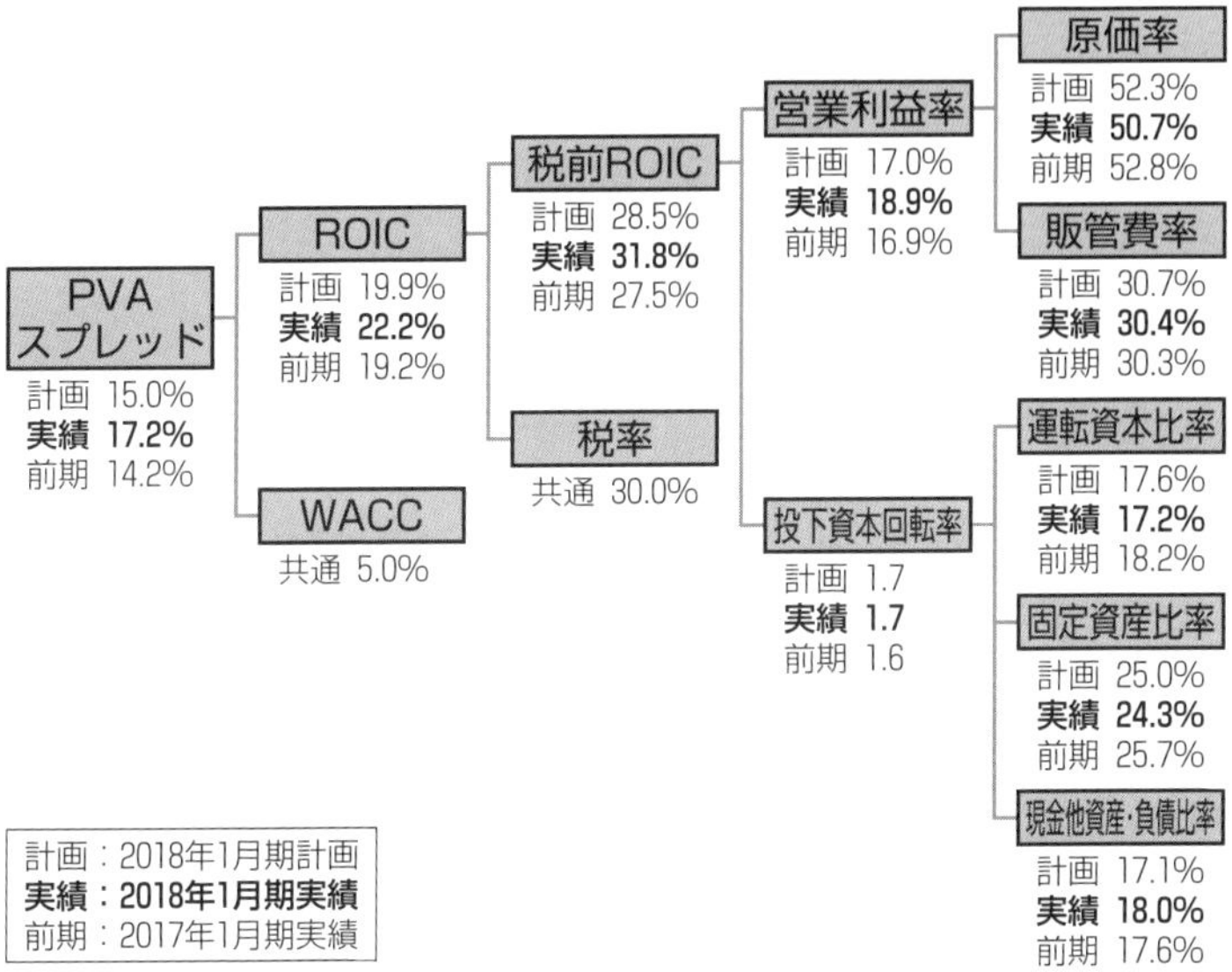

出所：ピジョン決算説明会資料（2018年1月期）

を、ＲＯＩＣをはじめとした様々な指標に分解していくことで、どの指標を高めればＰＶＡスプレッド、ひいてはＰＶＡを高めることができるのかがわかりやすくなるように工夫されています。

　この比率ベースによるＰＶＡツリーから、ピジョンはＲＯＩＣ経営を進めているという見方もできるでしょう。

　なお、ここでは詳細を取り上げることはしませんが、ピジョンではキャッシュ・フローも重視しており、ＣＣＣ（キャッシュ・コンバージョン・サイクル）についてもＣＣＣツリーで展開し、決算発表時に公表しています。

　こうした取り組みもあって、ピジョンのＲＯＩＣはＷＡＣＣを大きく上回り（2018年1月期ではWACCが5・0％であるのに対し、ROICは22・2％）、PVAについても計画を超える実績値を達成しています。

■EVA導入のメリットとデメリット

EVAをKPIとして導入する最大のメリットは、1つの指標により企業価値に連動する形で一貫したマネジメントを行なうことができることです。

ピジョンの事例からも、EVA（PVA）を構成している要素には、ROIC、運転資本の効率化などが含まれており、**EVAの最大化をめざしていけば、「キャッシュ・フローの最大化」にもつながる**ことがわかります。

また、EVAは金額指標であり、ROE、ROA、ROICには含まれていない規模の視点も含まれています。さらに、EVAには資本コストの考え方も反映されています。**資本コストも含めたうえで、企業価値を生み出しているかどうかを測定できることは、他の指標にはないEVAの特長**と言えます。

このように、様々な視点を盛り込んだうえで、企業価値に連動する指標となっていることがEVAの強みなのですが、そのことが逆にEVAの弱みともなっています。KPIとしてのEVAの最大の弱点は、**EVAという指標そのものを理解することが非常に難しい**

という点なのです。

実際にビジネスの現場にＥＶＡを導入しようとすると、必ず社員の間から「なぜＥＶＡが必要なのか？」「資本コストとは何か？」「ＣＡＰＭとは何か？」「ＷＡＣＣとは何か？」「どうすればＥＶＡを高めることができるのか？」といった様々な疑問が噴出します。

ＫＰＩを社内に浸透させるためには、その指標に対する社員の理解が不可欠ですが、ＥＶＡはそうした理解に対するハードルが非常に高い指標なのです。そういった意味で、ビジョンのように、指標を分解して現場における行動がＥＶＡにどう影響するのかを明示することは、指標に対する社員の理解を促進するために有効な取り組みと言えます。

また、ＥＶＡ（あるいは、それに類する指標）を導入する場合には、長期間にわたる丁寧な教育や啓蒙活動が欠かせません。

ＥＶＡ導入の先駆けとなった**花王**では、すでに導入から20年近くが経過していますが、それでも現場における理解度は必ずしも高くはない、と経営者が述べているくらいです。ＥＶＡを社内に導入するならば、それくらい息の長い活動が求められることに注意しなければなりません。

ＫＰＩをどのように使い分けるべきか？

ＫＰＩの使い分けを考えるときのポイント

ここまで、ファイナンスの視点を考慮した、様々なＫＰＩについて説明してきました。では、実際にＫＰＩを設定するときには、どのような指標を選択するべきでしょうか。大きく分けると、次の２つの視点から適切なＫＰＩを選び出すことができます。

① 自社の目標に合わせたＫＰＩとなっているか？
② 会計やファイナンスに対する社内のリテラシーを考慮したＫＰＩとなっているか？

ここからは図表４－17を参照しながら、それぞれの視点について説明していきます。

自社の目標に合わせたＫＰＩになっているか？

●図表4-17　KPIを使用するべき局面とメリットとデメリット

指標	使用するべき局面（例示）	メリット	デメリット
営業CF、FCF	・営業ＣＦ→新規投資資金が必要な場合 ・ＦＣＦ→有利子負債の返済資金を確保したい場合	・キャッシュを稼ぐ力にフォーカスされている ・金額指標のため、縮小均衡に向かいにくい	・B/SをスリムにすることでCFは増加するものの、そのメカニズムが現場ではわかりにくい
CCC	・運転資本の効率化により、キャッシュを生み出したい場合	・運転資本の効率化にフォーカスされており、目的がわかりやすい	・運転資本以外の効率性は見ていない ・収益性の視点が入っていない
ROA	・中小企業や子会社などにおいて、資本の効率性を重視したい場合	・資本効率を踏まえた指標 ・規模が異なる会社同士でも比較可能	・比率指標のため縮小均衡に向かいがち ・目標値の設定が難しい
ROE	・株主重視の姿勢を前面に打ち出したい場合	・株主にフォーカスされた指標のため、株主重視の姿勢を打ち出しやすい ・株主資本コストと比較可能	・比率指標のため縮小均衡に向かいがち ・財務レバレッジの影響を受ける
ROIC	・財務レバレッジの影響を受けにくい形で企業価値との連動性が高い指標を導入したい場合	・WACCと比較可能で、企業価値との関連性が深い	・比率指標のため縮小均衡に向かいがち ・指標の考え方がやや難しい
EVA	・資本コスト、企業価値の考え方を社内に浸透させたい場合 ・単一指標で統合したマネジメントを行ないたい場合	・企業価値と連動する ・金額指標のため、縮小均衡に向かいにくい	・概念が難解で現場への導入が難しい ・目標を達成するうえでの裁量の余地が大きい

ＫＰＩを設定するにあたっては、そのＫＰＩが自社の目標にマッチしていることが重要です。

例えば、新規投資に資金が必要であれば、営業ＣＦをＫＰＩとして設定し、有利子負債の返済資金を確保したいならばＦＣＦをＫＰＩにすることが有効です。また、運転資本のスリム化が課題であれば、ＣＣＣはそれに合った指標と言えます。

さらに、資本効率を重視したいのならば、ＲＯＡ、ＲＯＥ、ＲＯＩＣは有力な選択肢となりえます。

ＲＯＡは、資本の効率性を重視する指標であり、かつ資本構成（負債比率など）の影響を受けにくい指標です。したがって、子会社や中小企業において、資本効率を重視した指標をKPIとしたい場合に適していると言えるでしょう。

ROEは、株主にフォーカスを当てた指標であるということが最大の特長です。株主重視の姿勢を前面に打ち出したい場合には、最も適した指標だと言えます。また、本章末のコラム（コンサル・ファイル4）でも詳しく触れますが、ROEは株主資本コスト率との比較が可能であるため、株主資本コスト率に基づいた目標設定が可能です。

ただし、ROEは財務レバレッジの影響を受けるため、その点には注意が必要ですが、ROICであれば財務レバレッジの影響を受けにくいという特長があります。さらには、ROICはWACCとの比較が可能であるため、WACCをベースとした目標を設定することができるという側面もあります。財務レバレッジの影響を受けにくく、企業価値との連動性が高い指標を導入したい場合であれば、ROICの導入は検討に値します。

EVAは、資本コストの考え方を取り入れた経営指標です。したがって、資本コストや企業価値の考え方を社内に浸透させたいと考えている場合に適した指標だと言えます。すでに説明したように、EVAは企業価値との連動性が高く、ここまで示してきた様々な指標の要素の多くを含んでいます。したがって、1つの指標で統合されたKPIマネジメントを行なおうとする場合、EVAは最も有力な選択肢となります。

会計やファイナンスに対する社内のリテラシーを考慮したＫＰＩになっているか？

いずれの指標を選択するにしても、ＫＰＩの導入を検討するときには、会計やファイナンスに対する社内のリテラシーレベルを考慮しなければなりません。ＫＰＩが本当の意味で理解されていなければ、ＫＰＩマネジメントは結局掛け声だけで終わってしまい、社内に浸透しないからです。ともすると、ＫＰＩが現場のお荷物になってしまい、悪者のように扱われることも少なくありません。

特に、ＥＶＡを導入する場合には注意が必要です。何度も繰り返すように、ＥＶＡは１つの指標で統合されたＫＰＩマネジメントを行なうには最適な指標ですが、指標の概念が難解で、現場への導入が難しいというのが最大の問題点です。場合によっては、ＲＯＩＣや、それを分解した指標を現場におけるＫＰＩとして設定することも検討するべきです。

ＫＰＩマネジメントを導入する目的は、難しい指標を経営に取り入れることではありません。あくまでもＫＰＩマネジメントを通じて現場を変えていくためだということを忘れてはなりません。

これはＥＶＡに限らず、どのようなＫＰＩを導入する場合であっても共通して言えることです。

コンサル File4

なぜ「ROE8%」をめざすべきなのか？

本章の冒頭でも触れましたが、2014年に経済産業省から公表された「持続的成長への競争力とインセンティブ～企業と投資家の望ましい関係構築～プロジェクト最終報告書（伊藤レポート）」において、〝**日本企業は8％を上回るROEを最低ラインとし、それ以上をめざすべきだ**〟という提言がなされています。

なぜ、日本企業は8％を上回るROEをめざさなければならないのでしょうか？

その理論的根拠として、伊藤レポートでは「**エクイティ・スプレッド**」が挙げられています。エクイティ・スプレッドとは、ROEから株主資本コスト率を差し引いたものです。

同プロジェクトのメンバーでもあった柳良平氏（エーザイ株式会社CFO）は、株式時価総額とエクイティ・スプレッドの間に、図表4－18のような関係があると述べています（なお、両者の関係を導く過程については本書の内容を超えますので、詳細は柳氏の講演資料「ガバナンス改革と世界の投資家の視座」などを参照してください）。

この関係式によれば、エクイティ・スプレッド（＝ROE－株主資本コスト率）がプラスであれば株式時価総額は株主資本（簿価）を上回りますが、マイナスの場合には株式時

◉図表4-18　株式時価総額とエクイティ・スプレッドの関係

エクイティ・スプレッド
↓
$$株式時価総額 = 株主資本（簿価）+ \frac{株主資本（簿価）\times（ROE - 株主資本コスト率）}{株主資本コスト率 - 成長率}$$

出所：柳良平「ガバナンス改革と世界の投資家の視座」（2017年12月12日財務総合政策研究所講演資料）より一部筆者加筆修正

価総額が株主資本（簿価）を下回ることになります。したがって、エクイティ・スプレッドがプラスならば企業価値が創造され、エクイティ・スプレッドがマイナスなら企業価値が損なわれるということになります。

この株式時価総額とエクイティ・スプレッドの関係性を前提とすると、ＲＯＥが株主資本コスト率を上回ることができれば、企業価値が創造されると言えます。

そこで次に重要になるのが、「投資家は、どの程度の株主資本コスト率を想定しているのか（企業に対してどれくらいのリターンを期待しているのか）」です。

伊藤レポートでは、柳氏の２０１３年の論文における機関投資家に対するアンケート調査に基づき、「ＲＯＥが８％を超える水準で約９割のグローバル投資家が想定する資本コストを上回ることになる」とし、「グローバルな投資家と対話をする際の最低ラインとして８％を超えるという水準を意識」することが重要であると結論づけています。

また、柳氏は先ほど取り上げた講演資料において、ＲＯＥが

８％を超えるラインから、株式時価総額が株主資本（簿価）を上回り、企業価値の創造が起こるという株式市場のデータも紹介しています。

このような考え方や調査データが、伊藤レポートにおける〝ＲＯＥ８％を超える水準をめざすべきである〟という論拠となっているのです。

ＫＰＩをＲＯＥにするにせよ、ＲＯＩＣにするにせよ、重要なのは投資家の期待を上回ることができるかどうかです。**投資家の期待リターンを上回るだけの利益やキャッシュ・フローを上げることができれば企業価値を創造することができ、それができなければ企業価値が損なわれる**、というのがファイナンスにおける基本的な考え方です。

経営コンサルティングの現場で中期経営計画策定のアドバイスを行なうときにも、「ＫＰＩの目標水準をどう設定するべきか」といった点が必ず問題となります。こうした問題に直面したときには、「自社における過去の実績がどうなっているのか」「競合他社と比較してどうなのか」といった視点に加えて、**「投資家がどの程度の水準を期待しているのか」**といった点についても考慮する必要があります。

このように、ＫＰＩの目標水準の設定は実務的にも非常に重要なテーマなのですが、紙幅の関係で詳細に触れることができません。前著『武器としての会計思考力』において詳しく解説していますので、そちらをご参照ください。

第5章

M＆Aと投資判断のためのファイナンス思考力とは？

——企業価値を高める意思決定の方法

この章で身につける「武器」

- ☑ 利益とキャッシュ・フローを使い分ける方法
- ☑ 様々な投資判断手法の使い方
- ☑ 企業価値評価を行なう手順と勘所
- ☑ M＆Aを成功させるためのポイント

株主や債権者が会社に対して求めるもの

株主や債権者はなぜ会社に資金提供を行なうのか?

第3章でも取り上げたように、株主は会社に対して配当によるインカム・ゲインと株価の値上がりによるキャピタル・ゲインを、投資の見返りとして求めています。また、銀行は融資対象である会社からの利息を期待して融資を行ないます。株主や債権者は、こうしたリターンを期待して、会社に資金提供(投資または融資)を行なうわけです。

こうした株主や債権者が会社に対して期待しているリターンは、会社にとってみれば提供してもらった資金(資本)に対するコストとなります。このコストを、ファイナンスの世界では「**資本コスト**」と呼んでいます。

資本コストと企業価値の関係

企業価値とは、株主が投資した株式全体の価値である株式時価総額と、債権者が提供し

◉図表5-1　株主価値の増加・減少のメカニズム

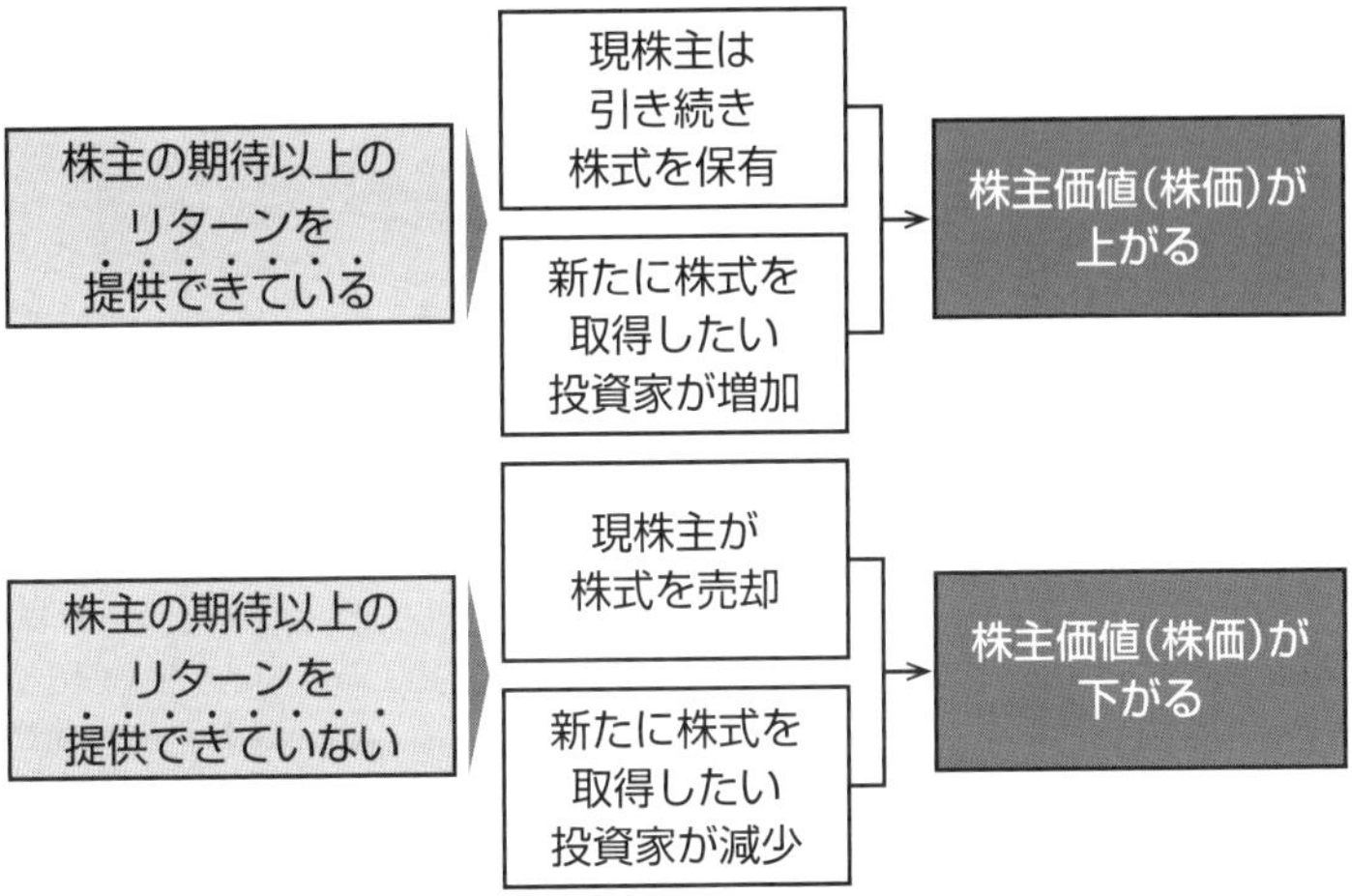

た有利子負債の価値の合計です。

資本コストを上回るだけのリターンを株主や債権者に見返りとして提供することができれば、企業価値は増加します。一方、資本コストを上回るだけのリターンを株主や債権者に対して提供することができていなければ、企業価値は低下してしまいます。

この点について、株主価値を例に挙げながらもう少し詳しく説明しましょう。図表5－1は、株主価値の増加・減少のメカニズムを単純化して示したものです。

会社が事業活動を通じて株主が期待する以上のリターンを提供できている場合、現在その株式を保有している株主はそれに対して満足しているはずですから、株式の保有を継続しようと考えます。また、そうした会社の株式を新たに保有したいと考える投資家が増加するため、市場のメカニズムとして株価が上昇することになります。結果として、株主にとっての価値（株主価値）が増加することになるわけです。

一方、事業活動を通じて株主が期待するだけのリターンを提供できていない会社の場合、そのリターンに対して不満を抱いた株主が、自身の保有する株式を手放そうとします。また、そうした会社の株式を新たに保有したいと考える投資家は減少するでしょうから、株価が下落（株主価値が減少）します。

事業投資、事業活動による「儲け」をどう測定するか？

株主や債権者に対して提供するリターンの源となっているのは、事業投資と事業活動を通じた「**儲け**」です。儲けを測定するには、利益による方法とキャッシュ・フローによる方法がありますが、**ファイナンスの世界では儲けをキャッシュ・フローによって測定します。**

なぜファイナンスの世界では儲けをキャッシュ・フローによって測定するのでしょうか。それを理解するために、「なぜ利益という考え方が生まれたのか」を説明することにしましょう。

そもそも、**企業活動の目的は、事業活動に対して投資した以上のキャッシュを、事業活**

動を通じて獲得し、そのキャッシュを投資家に還元することにあります。したがって、もともとの企業活動の目的からすれば、事業活動および事業投資の結果としての儲けはキャッシュ・フローで測定するべきだと言えます。

しかしながら、一定期間における会社の儲けを測定する手段として、キャッシュ・フローには致命的な弱点があります。それは、「**キャッシュ・フローはブレが大きい**」ということです。設備投資とフリー・キャッシュ・フロー（営業活動によるキャッシュ・フローから投資額を差し引いたもの）の関係を例にして考えてみましょう。

例えば、工場などの大規模な設備増強により、営業活動によるキャッシュ・フローを大きく上回る投資を行なった場合、その設備投資を行なった年のフリー・キャッシュ・フローは大幅なマイナスになります。その一方で、その翌年以降では、設備投資によるキャッシュ・アウトがなくなるため、フリー・キャッシュ・フローはプラスとなります。

したがって、キャッシュ・フローを儲けの測定基準とすると、「設備投資を行なった年は儲かっていない」「設備投資を行なわなかった年は儲かっている」ということになります。しかし、事業活動の成果という観点で考えれば、設備投資を行なった年度と行なわなかった年度とでは何ら成果の違いはありません。たまたま、その年度に設備投資を行なったか否かだけの違いなのです。これでは、一定期間における儲けを適切に表すことができません。

そうした問題を解決するために生み出されたのが、「**利益**」という考え方です。利益を計算する際には、設備投資にかかった金額を直接そのまま費用として差し引くことはしません。第1章でも説明したように、減価償却という手続きにより、設備投資にかかった金額を償却期間の各年度に配分して費用化することで、一定期間における儲けを適切に計算できるように考えられています。

ところで、利益を計算するためには様々な方法が認められています。例えば、減価償却の方法で言えば、毎年同じ金額を費用として計上する「**定額法**」や、取得価額からこれまでに償却した費用合計を差し引いたものに一定率を掛けて償却費を計算する「**定率法**」などがあります。どのような方法で利益を計算するかによって、実態が同じであっても計算される利益の金額が変わってくるのです。

このように、利益を計算する方法にはある程度の柔軟性が認められているので、一定期間での儲けを適切に表すことができるとも言えますが、その一方で、そこには裁量の余地が生まれます。その結果、第2章で取り上げたように、キャッシュ・フローの裏づけがなくても利益が計上されるケースも出てきます。

これに対して、キャッシュ・フローでは、裁量の生まれる余地がありません。キャッシュ・フローは、あくまで現金の出入りに基づいて厳格に測定されるものです。儲けを測定する指標として、利益が「柔らかい数値」だとすれば、キャッシュ・フローは「硬い数値」

だと言えるでしょう。

ファイナンスの世界では、一定期間の儲けを適切に計算することよりも、投資によって生み出される儲けをより厳格に測定することを優先しているため、キャッシュ・フローを使って儲けを測定しているのです。

念のため申し添えておきますが、ここでは利益とキャッシュ・フローのどちらが優れているのかということを言いたいのではありません。利益は「柔らかい」からこそ一定期間の儲けを適切に計算できるわけですし、キャッシュ・フローは「硬い」からこそ裁量の余地がなく、儲けを厳格に測定できるのです。目的に応じてそれぞれを使い分けるという視点が重要です。

それでは、次にキャッシュ・フローに基づいて投資判断を行なう代表的な手法である、**ＮＰＶ法**について解説していきます。

NPV法で投資判断を行なう

おカネの「時間価値」とは？

まず、NPV法の全体像を把握するために理解しておかなければならないのは、おカネの「**時間価値**」という考え方です。簡単な問題で考えてみましょう。

問題 **現在1万円をもらえる権利と1年後に1万円もらえる権利があるとしたら、どちらの価値が高いでしょうか？**

この問題を考えるにあたっての前提として、確実に5％の金利がつく銀行におカネを預けることができるという条件をつけておくことにします。

すると、図表5－2の左側に示すように、現在1万円をもらうことができる権利は、1年後に1万500円をもらうことができる権利の価値と等しくなります。現在1万円をもらって銀行に預けておけば、1年後に利息を含めて1万500円の現金を受け取ることが

◉図表5-2　現在の１万円の将来価値（金利が５％の場合）

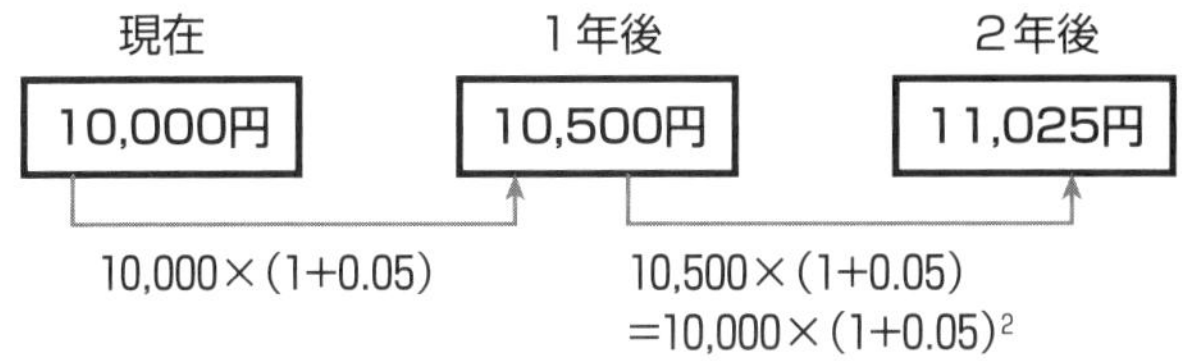

できるからです。したがって、問題の解答は、「現在１万円をもらえる権利のほうが価値は高い」ということになります。これが、おカネの時間価値に対する基本的な考え方です。

同様に、同図表の右側にあるように、現在１万円をもらうことができる権利は、２年後に１万１０２５円受け取ることができる権利の価値と同じ価値を持ちます。１年後に利息がついた１万５００円に対してさらに５％の利息がつくからです。

逆に、１年後、２年後、３年後、10年後に１万円もらえる権利の価値は、現在ではそれぞれ９５２４円、９０７０円、８６３８円、６１３９円もらえる価値と等しくなります（次ページの図表５－３）。

このように、将来得られるキャッシュ・フローの価値を現在における価値に置き換えることを、「**将来のキャッシュ・フローの価値を現在価値に割り引く**」という言い方をします。また、その計算のことを「**割引計算**」と呼び、割引計算を行なうときに使用する金利に相当する数字のことを「**割引率**」と言います。

なお、図表５－３に示した計算からわかるように、**将来のキャッシュ・フローは、時間的に先の時点になればなるほど現在価値が低くな**

ります。また、**割引率が大きくなるほど将来キャッシュ・フローの現在価値が低く**なるという性質を持っています。

◉図表5-3　将来の１万円の現在価値（割引率が５％の場合）

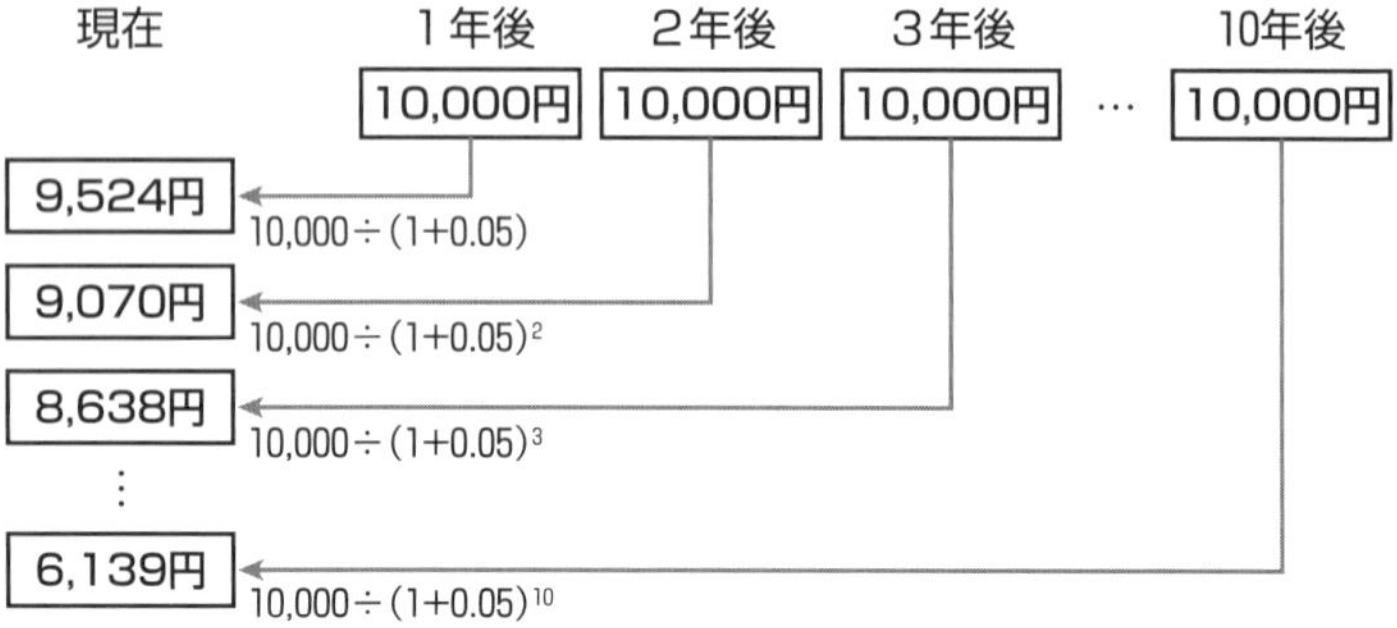

■NPV法の考え方

さて、ここまで説明してきたおカネの時間価値の考え方を踏まえて、NPV法の考え方について解説します。NPV法とは、英語の「Net Present Value」の頭文字をとったもので、**正味現在価値法**とも訳されます。

図表５－４は、NPV法の考え方を図に表したものです。簡単に言えば、NPV法というのは、「①**将来のCF（キャッシュ・フロー）を予測し**」「②**現在価値へと割り引いて**」「③**初期投資額を差し引く**」ことで**投資の是非**を判断する方法です。

NPV法によって投資評価をするときには、その投資案件に投資をしたことによって得られる将来の予測CFを現在価値に割り引いて、将来CFの現在価値を計算します。

◉図表5-4　ＮＰＶ法の考え方

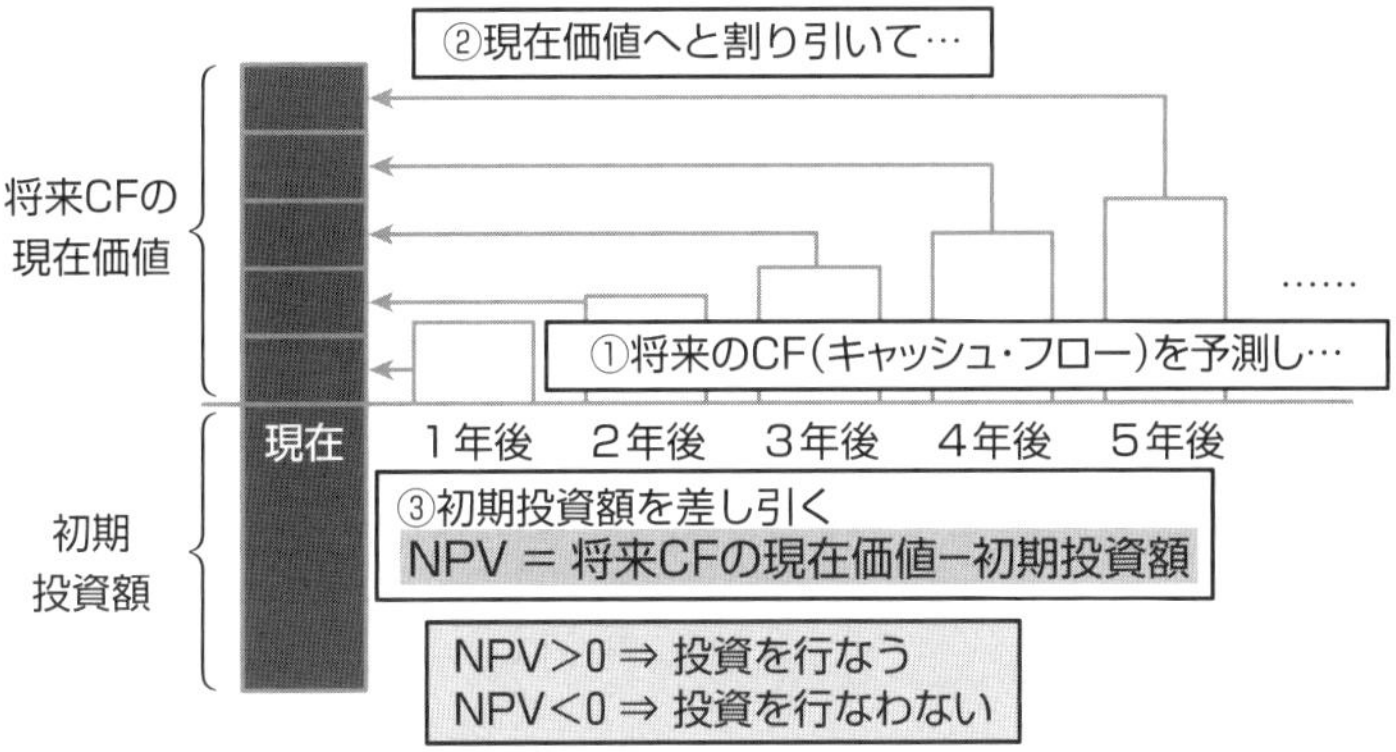

◉図表5-5　NPV法の計算式

$$NPV=\underbrace{\frac{1\text{年後のCF}}{1+\text{割引率}}+\frac{2\text{年後のCF}}{(1+\text{割引率})^{2}}+\frac{3\text{年後のCF}}{(1+\text{割引率})^{3}}+\cdots}_{\text{将来CFの現在価値}}-\text{初期投資額}$$

そして、その将来ＣＦの現在価値から初期投資額を差し引くことによって、ＮＰＶを計算します。

したがって、ＮＰＶの基本的な計算式は、**「ＮＰＶ＝将来ＣＦの現在価値ー初期投資額」**と表されます。この計算式を、さらに詳しく表したものが、図表５－５となります。

ある事業投資のＮＰＶがプラスであれば、その投資を実行することで、そのＮＰＶの金額分だけ企業価値が増加する、というのがファイナンスにおける考え方です。したがって、**ＮＰＶがプラスであれば投資を行ない、マイナスであれば投資を行なわない**というのがＮＰＶ法における投資判断の基準となります。

■割引率をどう設定するか?

NPV法を使って投資判断をするときの問題点は、「割引率をどう設定するか」です。事業投資に使われるのは、もともとは株主や債権者が会社に投じた資金（資本）ですから、その資本コスト率（WACC）を割引率に設定すればよさそうにも思えますが、話はそう単純ではありません。

というのも、**WACCはあくまで会社全体に対して株主や債権者が求める期待リターンであって、個別の投資案件に対する期待リターンではない**からです。企業が抱える投資案件には、リスクの高いものもあれば低いものもあります。基本的に、投資家は高いリスクを持つ投資案件に対しては高いリターン（利回り）を求め、低いリスクを持つ投資案件に対しては低いリターン（利回り）でも許容します。

したがって、投資の割引率を設定するときのベースの数値としてWACCを参考にすることはできますが、同じ会社の投資案件であっても、リスクの高い案件には高い割引率を、リスクの低い投資案件に対しては低い割引率を設定しなければならないのです。

この点が、実際の会社経営においてNPV法を使った投資判断を行なおうとするときの難しさであると言えます。

◉図表5-6　CFが一定の場合のNPV

$$NPV=\frac{CF}{1+割引率}+\frac{CF}{(1+割引率)^2}+\frac{CF}{(1+割引率)^3}+\cdots-初期投資額$$

$$\frac{NPV}{1+割引率}=\frac{CF}{(1+割引率)^2}+\frac{CF}{(1+割引率)^3}+\frac{CF}{(1+割引率)^4}\cdots-\frac{初期投資額}{1+割引率}$$

上の式から下の式を差し引いて変形すると…

$$NPV=\frac{CF}{割引率}-初期投資額$$

一定のCFが永続する場合のNPV

ところで、将来得られるCFが一定で永続する場合には、NPVの計算式をよりシンプルな形に表すことができます。

詳細な式の導出は割愛しますが、図表5－6に示すように、将来のCFが一定の場合には、そのCFを割引率で割り、そこから初期投資額を引いたものがNPVとなります。

事業から将来得られるCFが永続的に一定になるようなことは、実務においては通常起こりませんが、このような式の変形の考え方は、この後いろいろなところで役に立ちますので、頭に入れておいてください。

投資判断基準は他にもある

IRR法の考え方

ＮＰＶ法と似た投資評価手法の1つとして、**ＩＲＲ法**があります。これは、「Internal Rate of Return」の頭文字をとったもので、**内部収益率法**とも呼ばれ、ある投資案件の初期投資額と将来キャッシュ・フローの予測に基づいて、その投資の利回りを計算するものです。例えば、1万円を投資して1年後に1万1０００円を受け取れる投資案件があったとしたら、その投資案件のＩＲＲは10％となります。

この計算は、これまで解説してきたＮＰＶ法と類似しています。じつは、ＩＲＲは、図表5－7に示すように、ＩＲＲで割り引いた将来ＣＦの現在価値から初期投資額を差し引いたもの（＝ＮＰＶ）がゼロになるように計算されたものなのです。このＩＲＲは、エクセルのＩＲＲ関数を使えば簡単に計算することができます。

こうして計算されたＩＲＲが、投資案件で達成したい利回り（これを「**ハードルレート**」と呼びます）を上回っていれば投資を実行し、下回っている場合には投資を行なわない、

◉図表5-7　IRR法の考え方

$$\frac{1年後のCF}{1+IRR}+\frac{2年後のCF}{(1+IRR)^2}+\frac{3年後のCF}{(1+IRR)^3}+\cdots-初期投資額=0$$

→ この式が成り立つようなIRRを計算し、
達成したい利回り（ハードルレート）と比較する

IRR＞ハードルレート ⇒ 投資を行なう
IRR＜ハードルレート ⇒ 投資を行なわない

というのがＩＲＲ法の基本的な考え方となります。ちなみに、**ソフトバンクグループ**のベンチャー投資（１９９９年～２０１７年５月）の実績ＩＲＲは44％、**楽天**のベンチャー投資（２０１２年～２０１７年）の実績ＩＲＲは34％であるというデータが決算説明会で公表されています。これらは、**両社のベンチャー企業への投資が年率30％以上の利回りを生み出している**ことを意味しており、非常に高い水準であると言えるでしょう。

ＩＲＲ法とＮＰＶ法の共通点

ＩＲＲ法におけるハードルレートは、通常、ＮＰＶ法で使われる割引率と等しいと考えるのが自然です。なぜなら、ハードルレートは投資案件において達成したい利回りを表していますが、ＮＰＶ法における割引率もその投資で達成したい利回りであるからです。

したがって、ＩＲＲ法によるＩＲＲがハードルレートを上回っている場合には、ＮＰＶ法におけるＮＰＶもプラスになります。

逆に、ＩＲＲ法においてＩＲＲがハードルレートを下回っている場合には、ＮＰＶ法におけるＮＰＶもマイナスとなります。つまり、**ＮＰＶ法とＩＲＲ法における単独の同じ投資案件に対する投資判断は同じ結果になります。**

■ＩＲＲ法のメリットとデメリット

ＩＲＲ法の最大のメリットは、投資案件の利回りを明確に計算できることです。１８２ページで述べたように、ＮＰＶ法の問題点の１つは割引率をどう設定するかです。実際にＮＰＶ法を用いて投資プロジェクトのＮＰＶを計算してみると理解できると思いますが、その結果は割引率の設定によって大きく左右されてしまいます。

その点、**ＩＲＲ法であれば、ひとまず割引率を計算しなくても、その投資案件の利回りを計算することができます**（ただし、投資案件ごとのハードルレートをどう設定するかという問題は残りますが）。これが、実務的にＩＲＲ法が多用されている理由でしょう。

しかしながら、ＩＲＲ法には大きな弱点があります。それは、プロジェクトの金額規模の観点が考慮されていないことです。簡単な例を使って考えてみましょう。図表５－８に示すような２つの投資案件Ａ、Ｂがあり、どちらかの案件にしか投資できないとします。このとき、どちらの投資案件に対して投資を行なうべきでしょうか。

◉図表5-8　どちらの案件に投資するべきか？

投資案件A：IRRが20%、NPVが1,000万円の投資プロジェクト
投資案件B：IRRが10%、NPVが1億円の投資プロジェクト

ＩＲＲ法に従って考えるならば、投資するべきなのはよりＩＲＲの高い投資案件Ａとなります。しかし、**企業価値を最大化する観点で重要なのは、ＮＰＶの金額**です。したがって、企業価値を最大化するためには、投資案件Ｂに投資するべきです。

前ページで説明したように、単独の同じ投資案件の評価であればＮＰＶ法でもＩＲＲ法でも投資判断の結果は同じになります。しかしながら、**複数の投資案件を比較する場合にはＩＲＲ法を用いるのは適切ではなく、ＮＰＶ法を使うべき**であることに留意する必要があります。一方で、投資案件ごとの金額規模に大きな差がなければ、ＩＲＲ法を使って投資判断を行なっても大きな問題は生じないと言えます。

回収期間法の考え方

回収期間法も、実務的にはよく使われる手法です。回収期間法とは、「初期投資額を何年間で回収できるのか」という基準で投資判断を行なう方法です。

例えば、次ページの図表５－９のような投資案件があるとしたら、回収期間は４・２年となります。もし、基準となる回収期間が５年ならば、この投資を行な

◉図表5-9　回収期間法の考え方

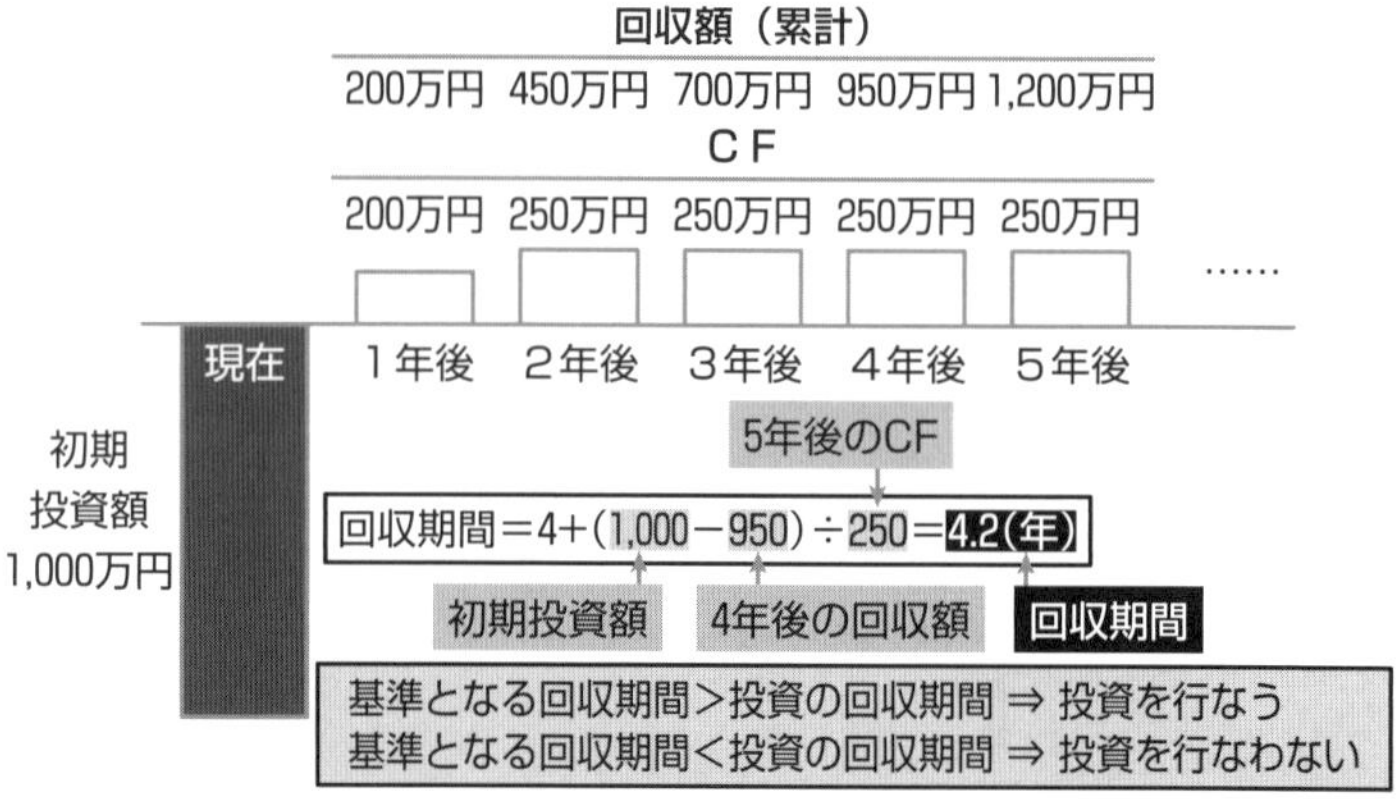

うべきだと言えますし、基準となる回収期間が3年ならば、この投資は行なうべきではないと言えます。

回収期間法のメリットとデメリット

回収期間法の最大のメリットは、言うまでもなく計算が非常に簡便であるということです。NPV法やIRR法のように、割引率やハードルレートを使った厄介な計算をしなくても済むため、現在も実務的にはよく用いられています。一方、デメリットとしては、次の4つの点が挙げられます。

①おカネの「時間価値」を考慮していないこと
②投資案件のリスクを考慮していないこと
③回収期間以降のキャッシュ・フローを考慮していないこと
④投資の金額規模を考慮していないこと

回収期間法では、これまでに説明してきたNPV法やIRR法と違い、おカネの「時間価値」や投資案件の「リスク」が考慮されていません。また、初期投資の回収が終了した後のキャッシュ・フローについても勘案されません。さらに、NPV法と比較すると、投資の金額規模が考慮されていないという問題点もあります。

このように、回収期間法にはファイナンスにおける多くの理論上の欠点があるため、投資の判断にあたってはNPV法やIRR法を使用することが望ましいと言われています。

■回収期間法がNPV法の代わりに使えるケース

このように、回収期間法は理論的な問題を抱えているのですが、実際には多くの会社で回収期間法が用いられています。それでは、こうした回収期間法を活用する会社は時代遅れで、問題のある投資判断を行なっていることになるのでしょうか。

私は、必ずしもそうではないと考えています。

投資案件が次の3つの条件を満たしている場合には、回収期間法を使ってもある程度正しい投資判断ができている可能性があります。

◉図表5-10　回収期間法とNPV法

ある投資案件の回収期間が10年で、投資後のCFが一定だとすると…

$CF \times 10 = $ 初期投資額

$\dfrac{CF}{0.1} = $ 初期投資額

$\dfrac{CF}{0.1} - $ 初期投資額 $= 0$

上の式は、割引率10%（＝0.1）、
NPV＝0としたときの下の式と一致する！

$NPV = \dfrac{CF}{割引率} - $ 初期投資額

①案件ごとの投資金額に大きな差がないこと
②投資後に得られるＣＦが長期にわたって安定的である（毎年ほぼ同じ金額のＣＦが得られる）こと
③投資案件ごとのリスクに大きな差がないこと

①は、ＩＲＲ法と同様に、回収期間法には規模の観点が含まれていないという弱点に対応した条件です。

それでは、②、③についてはどうでしょうか。図表５－10を使って説明しましょう。

ある投資案件の回収期間が10年であるとします。この投資案件において、投資後に得られるＣＦが一定額だとすると、「ＣＦ×10＝初期投資額」という式が成り立ちます。この式は、「ＣＦ÷０・１＝初期投資額」→「ＣＦ÷０・１－初期投資額＝０」というように変形することができます。

これは、１８３ページの図表５－６に示した、ＣＦが一定の場合のＮＰＶの計算式において、割引率＝10％、かつＮＰＶ＝０としたものと同じ式です。

このようなケースでは、この会社における投資の基準となる回収期間を10年で設定すると、割引率10％でＮＰＶ法を使用した場合と投資判断は一致することになります。
したがって、対象となる投資案件がここまで述べてきたような条件をある程度満たしている場合には、回収期間法は合理的な投資判断の基準となりうるのです。

どの手法を使って投資判断を行なうべきか？

ファイナンスの理論と照らし合わせて考えると、**ＮＰＶ法を投資判断基準として採用するのが最も適切です。**しかしながら、ＮＰＶ法を使用するためには、「割引率をどう設定するべきか」という難問をクリアしなければなりません。

社内において、こうした問題をクリアすることが難しい場合には、ＩＲＲ法や回収期間法といった手法を使うことも検討に値します。

ただし、ＩＲＲ法や回収期間法には、それぞれ弱点があります。特に、回収期間法を採用する場合には、これまでに述べたような回収期間法を利用できる条件を満たしているかどうかを慎重に検討する必要があります。

また、いずれの方法を使うにせよ、将来ＣＦの見積もりの精度が非常に重要なのは言うまでもありません。

M&Aと企業価値評価

M&Aには企業価値評価が不可欠

M&A（企業の合併・買収）は、経営戦略を実行する手段として日本企業でも一般的なものとなってきました。私が駆け出しの経営コンサルタントだった1990年代後半は、日本において本格的なM&A時代が到来した時期でもありました。

ところで、本書の第1章では、企業の財務諸表について解説しましたが、現在では、子会社などを含めた企業グループ全体の財務諸表である連結財務諸表が開示の中心となっています。このような会計制度になったのは、2000年3月期決算からでした。それまで、日本では親会社のみの財務諸表である単独財務諸表が「主」、連結財務諸表が「従」とされていたのですが、その位置づけが大きく変わったのです。

また、連結に含めるべきグループ会社の基準にも大きな変更が加えられました。2000年3月期以前においては、連結財務諸表にその会社を含めるかどうかは、親会社によって何%の株式を保有されているのかという基準（**持株比率基準**）で決められていたため、連結に含めたくない会社については、意図的に持ち株比率を引き下げることで連結財務諸表から外す、いわゆる「**連結外し**」が横行していました。

これでは連結財務諸表が実態を表すものになりませんから、連結に含めるかどうかを、親会社がその会社を実質的に支配しているかどうかで判定する基準（**支配力基準**）に改め、連結外しが行なわれにくくしたのです。

そのような会計制度改革が行なわれた結果、多くの日本企業は「**選択と集中**」を進めました。企業グループにおいて中核をなす事業（**コア事業**）と、中心にならない事業（**ノンコア事業**）を見極め、グループの戦略への貢献度が低い事業を積極的に売却するようになったのです。こうした企業の動きが、本格的なM＆A時代を到来させる引き金となりました。

また近年では、日本企業による海外企業の買収も目立ちます。日本国内の市場に大きな成長が期待できない状況において、日本企業はその成長の機会を海外に求めるようになってきています。こうした**海外進出をスピーディに進める手段として、M＆Aが注目されているのです**。

M＆Aは、言ってみれば会社や事業を売り買いする行為ですから、M＆Aの対象の金額を決めなければなりません。また、海外企業に対するM＆Aの場合、買収金額の大きな、いわゆる「大型買収」が目立つことも特徴の1つです。一般論として、**買収金額が大きく**

◉図表5-11　企業価値評価の３つのアプローチ

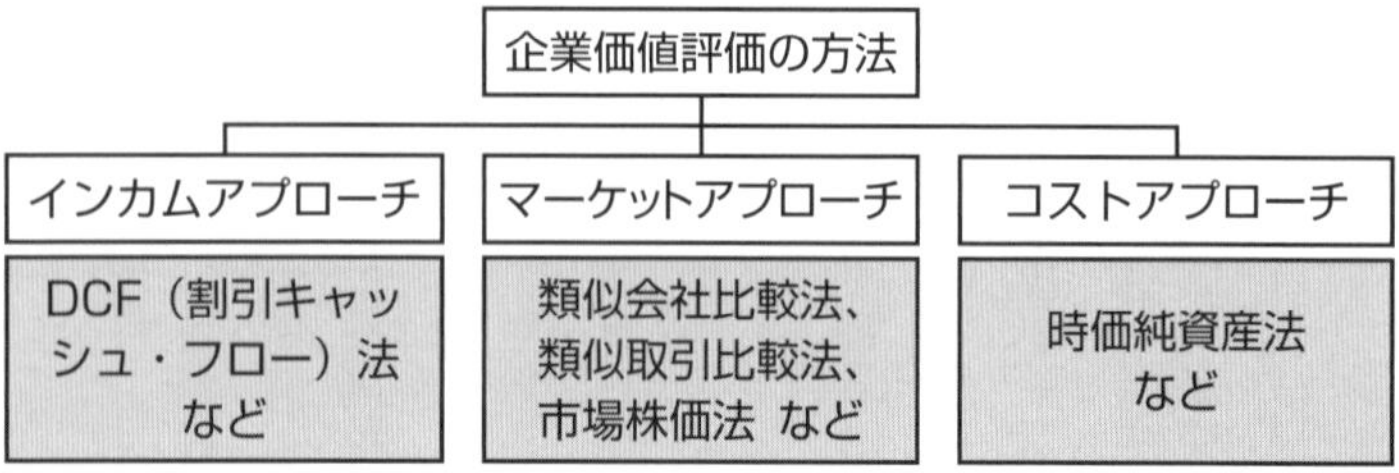

なればなるほど、そのM&A後の業績に大きな影響を及ぼすため、買収金額の算定はますます重要になります。

　M&Aの対象となる会社にどれくらいの金額を払うべきなのか、これは非常に大きな問題です。**M&Aと企業価値評価は、切っても切り離すことができない**関係にあるのです。

企業価値を評価する3つのアプローチ

　では、M&Aの対象となる会社の企業価値をどのように評価したらよいのでしょうか。M&Aにおいては、大きく分けて3つのアプローチがとられます（図表5－11）。

　インカムアプローチとは、その会社の「将来の儲け」に着目するアプローチです。

　このアプローチにおける代表的な評価手法が、**DCF法**です。これは英語の「Discount Cash Flow」の頭文字をとったもので、**割引キャッシュ・フロー法**とも呼ばれます。前で説明したNPV法と同じく、将来得られるキャッシュ・フローを現在価値に割り引いて価値を算定する方法です。

マーケットアプローチは、市場において「その会社がいくらで取引されるのか」という視点に着目したアプローチです。このアプローチの代表的な手法としては、**類似会社比較法**、**類似取引比較法**、**市場株価法**などがあります。

類似会社比較法は、価値算定の対象となる会社（対象会社）に似た会社（類似会社）を選定し、類似会社の利益と価値の倍率に基づいて、対象会社の価値を算定するものです。似たような手法として、過去にM&Aの対象となった会社の利益と、そのM&Aにおける取引価格の倍率を用いる、類似取引比較法というやり方もあります。これらの手法は、利益と価値の倍率を指標として使用するため、「倍率法」や「マルチプル法」と呼ばれることもあります。

また、市場株価法は、価値算定の対象となる会社（対象会社）の実際の株価を用いて価値を算定する方法です。株式市場における株価は、不特定多数の投資家同士の売買によって決まってきます。こうした株価には、一定の客観性があると評価できるため、対象会社が上場企業の場合にはよく使われる手法の1つとなっています。

この市場株価法を適用する場合には、一定期間の株価の平均値を使用することが一般的です。このことから、この方法は「市場株価平均法」とも呼ばれます。

コストアプローチは、「その会社の資産を再度取得するとしたら、どれだけの費用（コスト）がかかるのか」という視点に着目するアプローチです。

具体的には、その会社の資産を**時価**（**再取得価格**など）で評価し、そこから負債の時価を差し引くことで株式の価値を算出します。これは、未上場の中小企業などでよく用いられる手法の1つです。

このように、企業価値評価を行なう手法には様々なものがありますが、本書ではこの後、企業価値評価の代表的な手法であるＤＣＦ法と類似会社比較法について解説します。

また、企業価値評価を厳密に行なおうとすると、様々な調整が必要となり、計算の手順が複雑になります。そうした内容まで取り上げることは、本書の範囲を超えてしまいますので、できる限り簡便なやり方にとどめます。手法のより詳細な内容について知りたい方は、**企業価値評価**（**バリュエーション**）に関する専門書を参照してください。

■複数の企業価値評価の手法を併用する理由

ところで、Ｍ＆Ａを検討するために企業価値を算定する場合、1つの手法だけで算定するケースは極めてまれです。通常は、複数の手法を併用して企業価値を算出し、それらの結果に基づいて取引価格を決定します。

ここでは、**ハウス食品グループ本社株式会社**（以下、ハウス食品）による**株式会社壱番**

◉図表5-12　ハウス食品のニュースリリース（抜粋）

> ②　**算定の経緯（本公開買付価格の決定に至る経緯）**
> 当社は、以下の経緯により本公開買付価格について決定しました。
> ⒜　**算定の際に意見を聴取した第三者の名称**
> 当社は本公開買付価格を決定するにあたり、当社及び対象者から独立した第三者算定機関である野村證券より提出された本株式価値算定書を参考にいたしました。
> ……略……
> ⒝　**当該意見の概要**
> 野村證券は、市場株価平均法、類似会社比較法及びＤＣＦ法の各手法を用いて対象者の株式価値の算定を行っており、各手法において算定された対象者株式の１株当たり株式価値の範囲は以下のとおりです。
> 市場株価平均法：5,255円～5,374円
> 類似会社比較法：4,017円～5,208円
> ＤＣＦ法　　　：5,580円～8,097円
> ⒞　**当該意見を踏まえて本公開買付価格を決定するに至った経緯**
> 当社は、野村證券から取得した本株式価値算定書の算定結果……（略）……等を踏まえ、最終的に本日開催の取締役会において、本公開買付価格を１株当たり6,000円とすることを決定いたしました。

出所：ハウス食品ニュースリリース（2015年10月30日付）より一部筆者加筆修正

屋（以下、壱番屋）の買収の事例を取り上げます。

ご存知のように、ハウス食品は日本を代表する食品メーカーであり、壱番屋はカレーハウス「ＣｏＣｏ壱番屋」などを運営している会社です。

２０１５年10月30日付のハウス食品によるニュースリリースによれば、ハウス食品は壱番屋の株式に対して、１株当たり６０００円で公開買付け（株式市場において、買付ける期間、株式数、価格を宣言したうえで株式を買付けること）を行なうと発表しています。

また、同リリースでは、壱番屋の株式の買付価格を決定する経緯について、図表５－12のように説明しています。ここから、ハウス食品は６０００

◉図表5-13　事業価値、企業価値、株主価値の関係

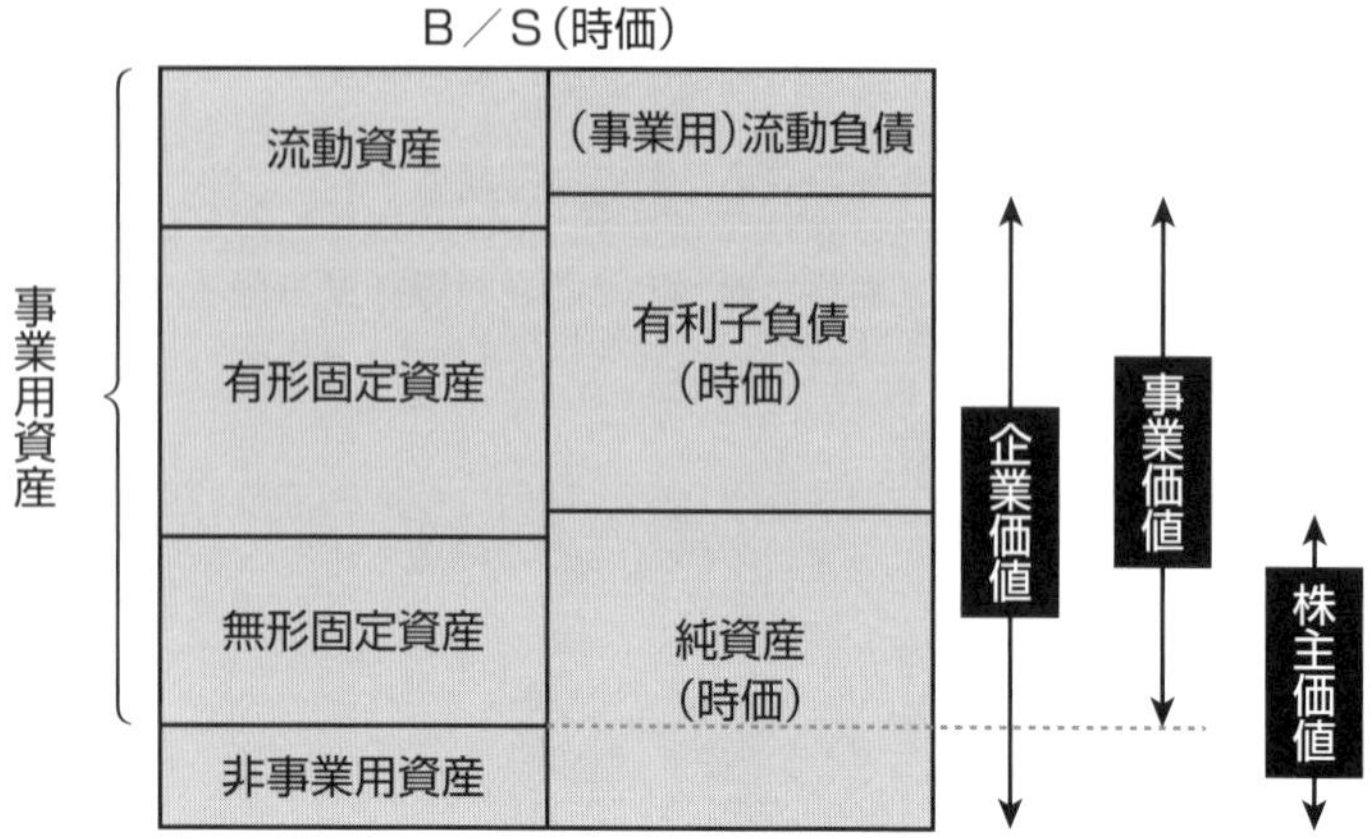

円という買付価格を決定する際に、市場株価平均法、類似会社比較法、DCF法の3つの方法により算定された1株当たり株式価値の範囲を踏まえていることがわかります。

なぜ、複数の手法を併用するのでしょうか。それは、**企業価値評価の手法にはそれぞれ一長一短があるため**です。そこで、**複数の手法を併用することにより、算定価格の妥当性を高めている**わけです。

企業価値、事業価値、株主価値の関係

ここでは、企業価値を算定する手法について説明する前提として、**事業価値、企業価値、株主価値**という用語について整理しておくことにしましょう。これらの用語が指し示す範囲をまとめたものが、図表5－13です。

これまでに述べてきたように、「企業価値」とは、

◉図表5-14　株主価値算定のステップ

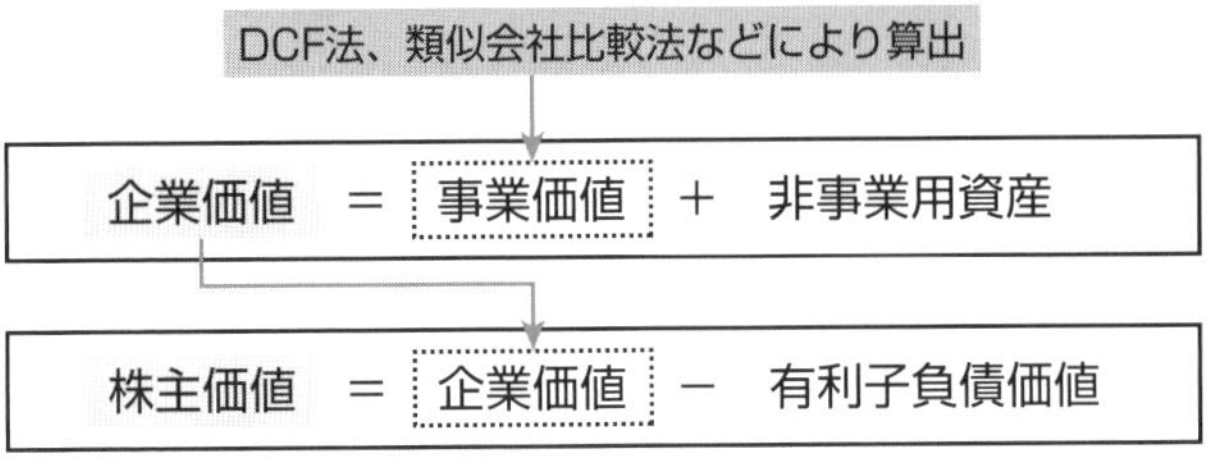

資金調達サイドから見れば、**債権者に帰属する価値である時価ベースの有利子負債と、株主に帰属する価値である時価ベースの純資産（株式時価総額）の合計**です。これを資金運用サイドから見ると、事業用資産と非事業用資産（現預金や有価証券）を足したものから、事業用流動負債を差し引いたものが企業価値となります。

その**企業価値から、非事業用資産を差し引いたものが「事業価値」**です。事業価値は、事業用資産から（事業用）流動負債を差し引いたもの、というとらえ方もできます。この後に取り上げるＤＣＦ法や類似会社比較法によって最初に計算されるのは、この事業価値になります。

そして、会社経営者や投資家が企業価値を評価するために最終的に計算したいのは、株式の価値（株主価値）です。**株主価値は、企業価値から有利子負債の価値（時価）を差し引いたもの**です。

したがって、事業価値から企業価値、株主価値を計算する流れは、図表５－14のように表されます。

DCF法で企業価値を評価する

DCF法の考え方

DCF法の考え方は、本章でも取り上げたNPV法に近いものです。図表5－15に示すように、価値算定の対象である会社（対象会社）における将来のフリー・キャッシュ・フロー（FCF）を現在価値に割り引いて**事業価値**を計算します。

DCF法では、予測期間（同図表では5年間）におけるFCFと、予測期間以降におけるFCFの価値（これを「**継続価値**」と呼びます）の現在価値を合計し、これを事業価値とします。

なお、DCF法におけるFCFの予測期間は通常5～15年間程度に設定されることが多いため、本書では基本的にFCFの予測期間を5年間とします。

以上を踏まえると、DCF法により事業価値を算定するときには、次のようなステップを踏む必要があります。

◉図表5-16　DCF法におけるFCFの計算式

FCF＝税引後営業利益＋減価償却費－運転資本増減額－設備等投資額

※税引後営業利益（NOPAT）＝営業利益×（100％－実効税率）
※運転資本＝売上債権＋棚卸資産＋その他流動資産－仕入債務－その他流動負債

に計算されます。DCF法におけるFCFを計算する出発点は、**営業利益**です。営業利益に「100％－実効税率」を掛けて税引後営業利益（NOPAT）を計算し、そこに減価償却費を足して運転資本増減額と設備等への投資額を差し引くことでFCFが計算されています。

なぜ減価償却費を足し、運転資本増減額と投資額を差し引くのかについては、すでに第2章（72～75ページ）で説明したように、「費用なのに、キャッシュ・フローに影響を与えない項目」と「キャッシュ・フローには関係するのに、費用でない項目」を調整するためです。

ただし、DCF法における運転資本は、売上債権、棚卸資産、仕入債務以外に、（事業用の）その他流動資産とその他流動負債を調整する点に注意してください。

つまり、FCFの予測を立てるためには、営業利益、減価償却費、運転資本および設備等の投資額を予測しなければならないのです。

割引率（WACC）の算定

続いて、割引率を算定する方法について説明していきます。

◉図表5-17　加重平均資本コスト率（WACC）の計算式

$$\text{WACC}=\frac{\text{有利子負債}}{\text{企業価値}}\times\text{税引前有利子負債コスト率}\times(100\%-\text{実効税率})+\frac{\text{株式時価総額}}{\text{企業価値}}\times\text{株主資本コスト率}$$

ＤＣＦ法における割引率のベースとなるのは、価値算定の対象となる会社の加重平均資本コスト率（ＷＡＣＣ）です。ＷＡＣＣの計算式は第３章で説明しましたが、念のため図表５－17に再掲しておきます。

ところで、ＤＣＦ法による企業価値を算定するときに、価値算定の対象会社（ここではＡ社とします）のＷＡＣＣを使うべきか、それとも買収を行なう会社（Ｂ社とします）のＷＡＣＣを使うべきなのか、ＭＢＡコースの社会人でも混乱してしまうケースがありますので、少し詳しく説明しておきましょう。

Ｍ＆Ａを行なう場合、買収の対価を支払うのはＡ社の株主に対してです。したがって、ＤＣＦ法を通じて最終的に計算するべきなのは、Ａ社の株主にとってのＡ社株式の価値です。Ａ社の株主および債権者は、Ａ社の将来フリー・キャッシュ・フローを、Ａ社の事業が持つリスクに応じた割引率（すなわち、Ａ社のＷＡＣＣ）で割り引いてＡ社の企業価値を考えているはずです。

したがって、**ＤＣＦ法を適用する場合には、買収対象となる会社のＷＡＣＣを使用するのが原則です。**

なお、第３章の１１４ページでも述べたように、ＷＡＣＣを計算するときの有利子負債の価値としては、有利子負債総額から余剰の現金などを差し引いた、純有利子負債の価値を使用するのが理論的には正しいとされています。しかしながら、本書では計算を簡便にするために、あえて厳密性には目をつぶって、B／S（貸借対照表）の右側の有利子負債総額を用いることにします。

なぜ税引後営業利益からFCFを計算するのか？

ここで、なぜFCFをキャッシュ・フロー計算書上の営業CFと投資CFを足し合わせずに、税引後営業利益（NOPAT）から計算するのかを説明しておきます。

第3章で取り上げたように、有利子負債には「節税効果」があります。その節税効果を加味して計算したのが、前ページの図表5－17に示したWACCです。通常、ファイナンスでは、この節税効果を加味したWACCを用います。

ところが、キャッシュ・フロー計算書において営業CFを計算する際には、税金等調整前当期純利益から出発し、減価償却費や運転資本増減などを調整した後、最終的には「法人税等の支払額」が差し引かれています。この「法人税等の支払額」は、実際に支払った法人税の金額ですから、節税効果が反映されています。そのため、先ほどの節税効果を加味したWACCで割り引いてしまうと、節税効果が二重に反映されてしまいます。

そこで、DCF法で使用するFCFは、202ページの図表5－16に示すように、支払利息を差し引く前の利益である営業利益から税引後営業利益を計算し、そこから節税効果を反映しない形で算出されます。

このように計算すれば、ＦＣＦを割り引くＷＡＣＣとしては、通常の節税効果を加味したＷＡＣＣを使用することができます。

また、こうした節税効果を反映しないＦＣＦには、**資本構成（負債比率）**の影響を受けないために時系列での比較や他社との比較が行ないやすい、というメリットもあります。

継続価値の算定

次に、**継続価値**を計算します。継続価値とは、ＦＣＦの予測期間以降のＦＣＦの価値を表します。企業は、ＦＣＦの予測期間後も継続するわけですから、予測期間以降のＦＣＦの価値を加えなければ、その会社の事業価値を過小評価することになってしまいます。

そこで、予測期間以降のＦＣＦの価値を、継続価値として計算します。その考え方を、次ページの図表５－18の上側に示しておきます。

予測期間以降はＦＣＦを詳細に予測することが難しいため、通常は、予測最終年度のＦＣＦをベースに、その後何％くらいの成長率が見込めるか、という視点でざっくりとした計算を行ないます。結論から言うと、予測期間以降のＦＣＦの成長率が一定であると仮定したときの継続価値は、図表５－18の下側に示すようなシンプルな計算式で表すことがで

◉図表5-18　継続価値の考え方（予測期間5年の場合）と計算式

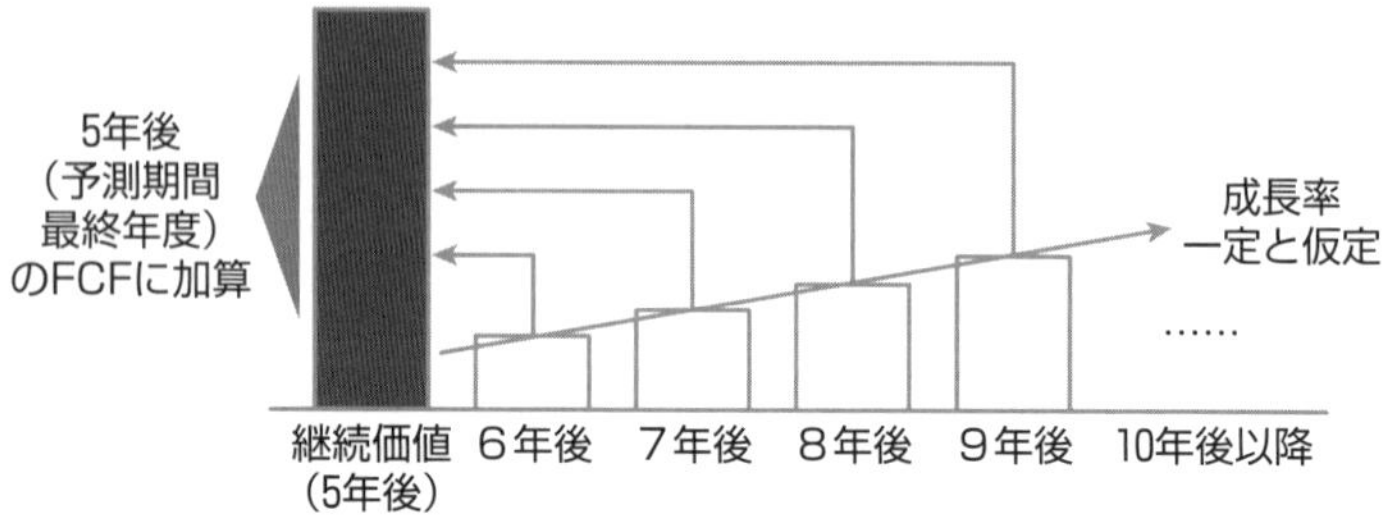

$$継続価値 = \frac{予測期間直後の年度におけるFCF}{WACC－成長率}$$

きます（詳しい算出法は割愛しますが、この式は１８３ページの図表５－６の式とほぼ同じ考え方で導くことができます）。

この継続価値は、予測期間最終年度におけるＦＣＦに足し合わせたうえで、現在価値への割引計算を行ないます。

事業価値と株価の算定

ここまで説明してきた予測期間内のＦＣＦと継続価値を現在価値に割り引くことによって、ＤＣＦ法による事業価値を計算することができます（図表５－19）。

あとは、１９９ページの図表５－14の流れに従って、企業価値、株主価値を計算していきます。最終的に計算された株主価値（ＤＣＦ法における推定上の株式時価総額）を、発行済株式総数で割ると、１株当たりの推定株価を計算することができます。

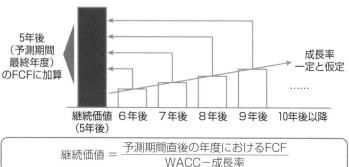

◉図表5-19　DCF法による事業価値の計算式（予測期間t年）

$$事業価値=\frac{1年後のFCF}{1+WACC}+\frac{2年後のFCF}{(1+WACC)^2}+\frac{3年後のFCF}{(1+WACC)^3}+\cdots+\frac{t年後のFCF+継続価値}{(1+WACC)^t}$$

DCF法を使用するときの留意点

DCF法を使用して事業価値を計算する際に注意しなければならないのは、事業価値がFCF、WACC、継続価値によって大きく左右されるということです。

特に、FCFおよび継続価値に関しては、予測期間内の業績の予測と、予測期間以後の成長率の仮定によって大きく数字が振れることになります。

したがって、業績予測を正確に行なうことも重要ですが、予測の精度を高めることには限度があるので、**複数のシナリオ（例えば、楽観的、中立的、悲観的な3つのケースなど）を想定することも有効です**。また、**継続価値に関しては一般にその算定金額が大きくなるケースが多く、予測期間以後の成長率の設定が全体の試算に及ぼす影響が大きい**ので、特に注意が必要です。

WACCに関しては恣意性が入りにくいようにも思えますが、DCF法では将来にわたって一定のWACCを使用することを前提としています。そのため、将来において資本構成が変化する場合には、別の手法（本書では取り上げませんが、こうした場合に対応できる手法として、**APV〔Adjusted Present Value〕法**などがあります）が用いられることになります。

（単位：百万円）

備考
→年平均成長率：6.8% →平均原価率：84.9% →平均販管費率：12.1% →平均売上高営業利益率：3.0% ＝営業利益×（100%－実効税率〔40%〕）
→有形固定資産（償却）に対する割合（５年平均）：14.8%
→売上高に対する割合（直近）：2.2%、（５年平均）：1.0%
＝税引後営業利益＋減価償却費－運転資本増減
→年平均6,036百万円増加 →年平均3,372百万円増加 連結CF計算書の投資CFより
＝営業CF－投資額

ケース・スタディ
DCF法でプリマハムの企業価値を評価する

ここまでに説明した内容を踏まえて、実際の企業の企業価値を評価してみましょう。

本書では、食肉加工品メーカー大手の**プリマハム**をケースとして取り上げ、DCF法により、企業価値評価を行ないます。

なお、企業価値評価を厳密に行なうためには、かなり複雑な調整が必要となってきます。しかしながら、本書の目的は企業価値評価の手法の概要をつかむことにありますので、

◉図表5-20　プリマハムの財務データ

	2014年	2015年	2016年	2017年	2018年
売上高	303,600	341,183	361,223	363,336	394,534
売上原価	256,169	293,272	310,871	303,483	333,426
販管費	38,618	40,698	42,104	44,287	47,978
営業利益	8,813	7,213	8,247	15,565	13,129
税引後営業利益	5,288	4,328	4,948	9,339	7,877
減価償却費	4,729	5,712	6,484	7,018	8,596
売上債権	29,520	35,082	35,685	37,044	43,848
棚卸資産	11,649	17,835	22,396	15,904	20,256
その他流動資産	1,970	2,677	4,205	5,148	2,723
仕入債務	32,303	41,051	37,545	39,631	39,705
その他流動負債	13,140	13,901	14,343	17,110	18,488
運転資本	−2,304	642	10,398	1,355	8,634
運転資本増減	−3,247	2,946	9,756	−9,043	7,279
営業CF	13,264	7,094	1,676	25,400	9,194
有形固定資産（償却）	31,500	41,209	39,054	53,994	55,643
有形固定資産（非償却）	20,591	18,529	27,174	19,855	34,079
投資額	10,976	10,376	12,617	14,790	21,373
FCF	2,288	−3,282	−10,941	10,610	−12,179

注：すべて3月期決算。減価償却費には「のれん償却額」を含む
出所：プリマハムFACT BOOK 2017,2018より筆者作成

ここではＤＣＦ法による企業価値評価をできるだけ簡便なやり方で行なうことにします。

■過去の財務データの分析

ＤＣＦ法による最初のステップは、予測期間内のＦＣＦを予測することですが、まずはＦＣＦを予測するにあたって、これまでの財務データを分析しておく必要があります。

図表５‐20は、プリマハムの過去５年間の財務データを連結Ｂ／Ｓ、連結キャッシュ・フロー計算書から抜粋してまとめたものです。

上から順に見ていきましょう。まず、売上高は２０１４年３月期から

２０１８年３月期（これ以降、単に２０１８年と表記します）にかけて順調に成長しています。この間、年率での平均売上高成長率は６・８％でした。

売上原価、販管費の売上高に占める割合（原価率、販管費率）は年度ごとに大きな変動はなく、それぞれの5年平均は84・９％、12・１％となっています。その結果、売上高に対する営業利益の割合（売上高営業利益率）は平均で３・０％となります。税引後営業利益は営業利益に「１００％－実効税率（40％）」を掛けて算出されています。

減価償却費は、キャッシュ・フロー計算書の営業活動によるキャッシュ・フローから抜粋しています。販管費の明細に「減価償却費」が記載されていることがありますが、減価償却費は売上原価にも含まれていることが多く、しかも売上原価中の減価償却費の金額は多くの場合不明であるため、減価償却費の合計額はキャッシュ・フロー計算書の金額を使うのがよいでしょう。

また、将来のＦＣＦを予測するにあたっては、減価償却費の推定が必要になります。そこで、各年の有形固定資産（償却）に対して減価償却費がどれくらい計上されているかを計算してみると、5年平均で有形固定資産（償却）の14・８％に相当する減価償却費が計上されていることがわかります。

続いて、運転資本を計算します。ここでは、２０２ページの図表５－16の３行目に示したように、売上債権、棚卸資産、その他流動資産を足し合わせ、そこから仕入債務とその他流動負債を差し引いて計算します（なお、このケースでは、現預金については非事業用資産とし、その他流動資産には含めていません）。

運転資本は売上に比例して発生すると考えるのが自然ですが、売上高に対する運転資本の割合は5年平均で1・0％であるのに対し、2018年では2・2％とやや高い水準となっています。予測にあたって、どちらの数値を使うのかについては、FCFの予測のところで再度考えることにします。

以上より、税引後営業利益に減価償却費を足し、運転資本増減を差し引いたものが営業CFとなります。

次に、208〜209ページに示した図表5-20には、設備などへの投資に関係する有形固定資産（償却）、有形固定資産（非償却）、投資額が記載されています。**有形固定資産の金額がどれくらい増えていくのかという想定は、FCFの予測の前提となる投資額を算定するうえで非常に重要です。**また、FCFを予測するには減価償却費の予測を立てる必要がありますから、有形固定資産を償却対象のもの（償却）と、償却の対象外のもの（非償却）に分けています。償却対象となるのは、建物・構築物、機械装置・運搬具、リース資産などです。一方、償却対象でないものとしては、土地と建設仮勘定（建設中の建物など）を含めています。

今回のケースでは、有形固定資産（償却）が毎年平均で約60億円、有形固定資産（非償却）は約34億円ずつ増加しています。さらに、投資額はキャッシュ・フロー計算書の投資活動によるキャッシュ・フローの数値をプラスの数字に変えたうえで記載しています。

なお、厳密には、無形固定資産や投資その他の資産も投資に関係しますが、今回のケースでは両者の投資ＣＦや減価償却費への影響は非常に小さいので、記載を省略しています。

これらの計算から、営業利益に比べ、営業ＣＦやＦＣＦは大きく変動していることがわかります。これは、各年度における運転資本の増減額や投資額に大きな差があるためです。

（単位：百万円）

2019年以降の予測の前提・見積もり
成長が徐々に緩やかになり、2023年には成長率0%に 原価率：84.9% 販管費率：12.1% 売上高営業利益率：3.0% ＝営業利益×（100%－実効税率〔40%〕）
有形固定資産（償却）の14.8%を計上
売上高の2.2%を計上
＝税引後営業利益＋減価償却費－運転資本増減
増加は徐々に緩やかになり、2023年には増減0に 増加は徐々に緩やかになり、2023年には増減0に ＝当年有形固定資産合計－前年有形固定資産合計＋当年減価償却費
＝営業CF－投資額

ＦＣＦの予測

続いて、ここまでの分析を踏まえて将来のＦＣＦの予測を行ないます。図表５－21は、将来のＦＣＦの予測結果をまとめたものです。この予測では、予測期間を２０１９年３月期〜２０２３年３月期の５期分としました（２０１８年実績に関しては参考までにグレーの網かけをつけて再掲しています）。なお、予測をシンプルにするため、こ

◉図表5-21　プリマハムの予測FCF

	2018年	2019年	2020年	2021年	2022年	2023年
売上高	394,534	415,997	432,969	444,746	450,795	450,795
売上原価	333,426	353,181	367,591	377,589	382,725	382,725
販管費	47,978	50,336	52,389	53,814	54,546	54,546
営業利益	13,129	12,480	12,989	13,342	13,524	13,524
税引後営業利益	7,877	7,488	7,793	8,005	8,114	8,114
減価償却費	8,596	8,950	9,486	9,843	10,022	10,022
運転資本	8,634	9,152	9,525	9,784	9,917	9,917
運転資本増減	7,279	518	373	259	133	0
営業CF	9,194	15,920	16,906	17,589	18,003	18,136
有形固定資産（償却）	55,643	60,472	64,093	66,508	67,715	67,715
有形固定資産（非償却）	34,079	36,777	38,800	40,149	40,823	40,823
投資額	21,373	16,476	15,131	13,606	11,903	10,022
FCF	−12,179	−556	1,775	3,983	6,100	8,114

注：すべて3月期決算
出所：プリマハムFACT BOOK 2018（2018年のデータのみ）。2019年以降のデータは筆者作成

こでは複数のシナリオ（楽観、中立、悲観など）は想定しません。

まず、売上高に関しては、徐々に売上の伸びが緩やかになると仮定し、徐々に売上成長率を下げています。予測期間の最終年度となる２０２３年段階では、昨年比の成長率が０％となるように設定しました。

原価率、販管費率、売上高営業利益率に関しては、実績での５年平均値をそのまま使用して算出しました。税引後営業利益は営業利益に「１００％−実効税率（40％）」を掛け合わせて算出しています。

減価償却費は、有形固定資産（償却）の14・8％の金額を計上しています。これも過去５年平均に従って算出しました。なお、減価償却費の算定には有形固定資産（償却）の金額予測が必要となりますので、その点については後ほど説明します。

運転資本は、2018年における売上高に対する割合（2・2%）を使用して算出しました。5年間の平均値を使用すると、運転資本の増減が非常に不自然になるためです。

有形固定資産（償却）および有形固定資産（非償却）については、徐々に増加のスピードが緩やかになり、2023年には増加額が0になるように設定しました。これは、売上の伸びが緩やかになっていることに対応しています。

投資額については、当年の有形固定資産合計から前年の有形固定資産合計を差し引き、当年の減価償却費を足し合わせて算出しています。2023年では、有形固定資産の増減が0になっていますので、減価償却費と投資額が一致しています。

以上のような前提や見積もりから、営業CFとFCFを予測することができます。

WACCの算定

WACCを算出するにあたり、まず負債コスト率から計算します。本書に掲載していない連結B／S（連結貸借対照表）によれば、有利子負債は2017年に257億3300万円、2018年に325億5000万円計上されていますので、その平均額である291億1900万円で2018年の支払利息1億6900万円を割ると、税引前の負債コスト率は0・58%となります。これに、「100%－実効税率（40%）」を掛けると、税引後の負債コスト率は0・35％になります。

　続いて、株主資本コスト率を計算します。まず、無リスク利子率ですが、2018年3月末における10年物国債の金利は0・043％と低すぎますので、本書のこれまでの例と同様に無リスク利子率を1・5％に設定することにします。また、マーケットリスクプレミアムについても5・0％とします。プリマハムのベータ値は、0・73（2018年3月末現在。過去60ヶ月の月次データを回帰分析して算出）と計算できますので、これらの数値をCAPMに当てはめると、株主資本コスト率は5・15％となります。

　以上から、WACCを算定します。2018年の有利子負債である325億5000万円、2018年3月末の株式時価総額である1535億4900万円で税引後負債コスト率と株主資本コスト率を加重平均することで、WACCは4・31％と算定できます。

■継続価値の算定

　継続価値は、206ページの図表5－18でも説明したように、予測期間直後の年（本ケースでは2024年）におけるFCFを、「WACC－成長率」で割って計算します。

　ここで、2024年のFCFを計算するにあたっては、本来は投資額と減価償却費を同額とする調整が必要なのですが、本ケースでは2023年の投資額と減価償却費が同額に

◉図表5-15　DCF法の考え方（予測期間5年の場合）

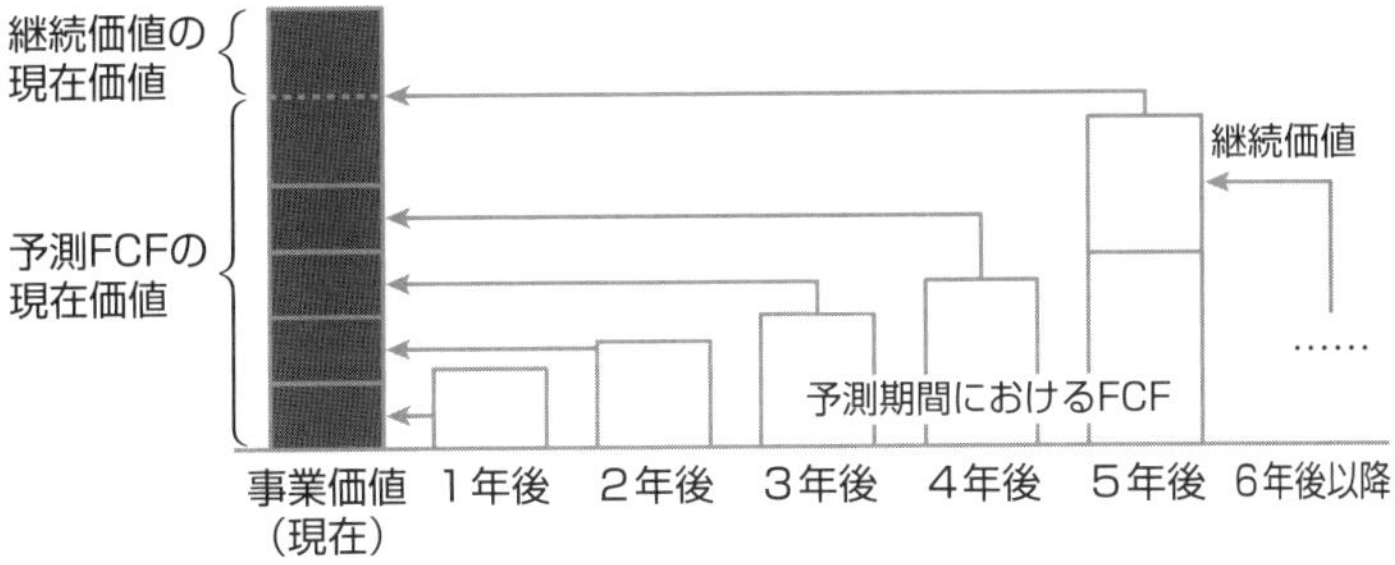

① 予測期間におけるＦＣＦの予測を立てる
② 割引率を設定する
③ 予測期間以降のＦＣＦの価値（継続価値）を計算する
④ 予測期間内のＦＣＦと継続価値の現在価値の合計（＝事業価値）を計算する

それでは、各ステップについて詳しく説明していきます。

ＦＣＦの予測

ＦＣＦを予測するにあたっては、そもそもＦＣＦをどのようにして算出するのかを理解しておく必要があります。なお通常、ＤＣＦ法で使用されるＦＣＦの計算方法は、第４章で取り上げた、営業活動によるＣＦ（営業ＣＦ）と投資活動によるＣＦ（投資ＣＦ）を合計する方法とは異なります（なぜ違うのかについては後ほど説明します〔２０４ページ参照〕）。

ＤＣＦ法で使用するＦＣＦは、次ページの図表５－16のよう

◉図表5-22　事業価値と株価の算定結果　（単位：百万円）

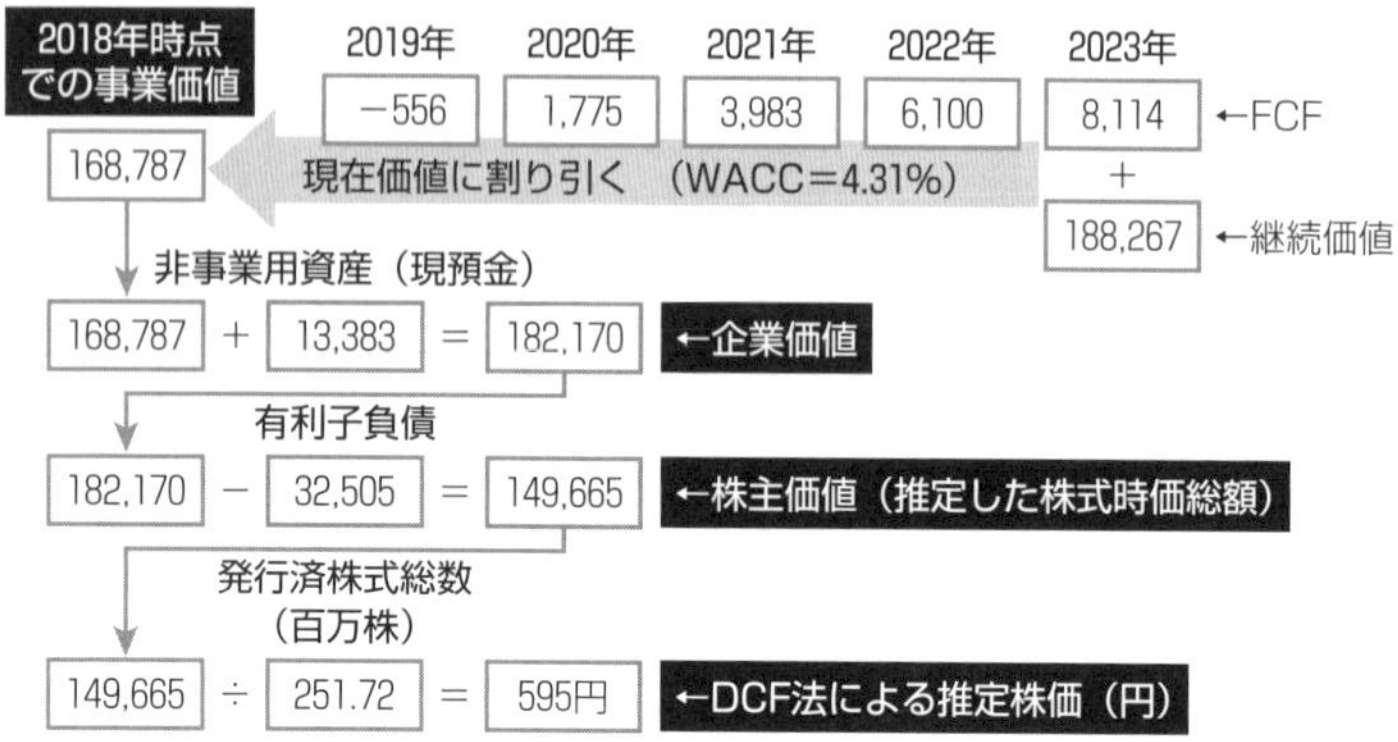

なる条件としていますので、この調整は必要ありません。

そして、もう1つのパラメータである成長率については、0%とします。2023年の売上や利益の成長率を0%としているためです。

以上から、2024年におけるFCFは81億1400万円となり、これをWACC（4・31%）で割ると、継続価値は1882億6700万円となります（ただし、FCFの端数分の誤差が出ていることに注意してください）。

事業価値と株価の算定

ここまでで事業価値を算定するために必要な予測データがすべて揃いました。それでは、事業価値、企業価値、株主価値と、株価を算定します（図表5－22）。

まず、207ページの図表5－19に示したように、予測期間内のFCFと継続価値を、現在価値に割り引きます。このとき、エクセルであればＮＰＶ関数を使えば簡単に割引計算を行なうことができます。こうして割引計算した結果が、２０１８年時点での事業価値（１６８７億８７００万円）となります。

次に、その事業価値に対して、非事業用資産（現預金）の金額である１３３億８３００万円を加えた、１８２１億７０００万円が企業価値となります。さらに、その企業価値から有利子負債（３２５億５０００万円）を差し引けば、株主価値（推定した株式時価総額）は１４９６億６５００万円となります（より厳密には、株主価値算出にあたって非支配株主持分〔少数株主持分〕の価値を差し引く必要がありますが、ここでは省略しています）。

この株式価値を発行済株式総数（２５１・７２百万株）で割った数値である５９５円が、ＤＣＦ法で推定した株価となります。

実際の株価と比較してみると、２０１８年３月末時点での株価（終値）は６１０円で、ＤＣＦ法による推定株価とほぼ同水準になっています。また、２０１７年４月から２０１８年３月までの月末株価（終値）は、５１４円から８２７円のレンジで推移しており、こちらもＤＣＦ法の株価に近い水準と言えます。

類似会社比較法で企業価値を評価する

なぜ類似会社比較法を用いるのか？

次に、マーケットアプローチの手法の1つである、**類似会社比較法**を取り上げます。

DCF法は企業価値を評価する代表的な手法の1つですが、FCFや継続価値の見積もりによって、算出される価値が大きく左右されてしまうという弱点があります。そこで、実務的には多くの場合、株式市場における取引価格をベースに価値を算出するマーケットアプローチが併用されます。株式市場における評価には、ある一定の客観性が確保されていると考えられますから、DCF法における見積もりの妥当性を担保することにもつながります。

一方で、**マーケットアプローチによる企業価値評価に織り込めるのは、あくまで株式市場における取引価格に織り込まれている情報のみです。**例えば、市場では認識されていない内部情報を価値算定に含めたい場合には、DCF法のようなインカムアプローチのほうが適しています。

◉図表5-23　類似会社比較法のステップ

類似会社の選定	・対象会社と類似する会社（主な特性：業界、事業規模、成長率、資本構成など）を選定
倍率指標の選定と算出	・使用する倍率指標を選定する →EV/EBITDA倍率、EV/売上高倍率 など ※EV＝ 事業価値（Enterprise Value） ※EBITDA ＝ 営業利益＋減価償却費 ・類似会社の倍率指標を算出する
事業価値と株価の算定	・類似会社の倍率指標に対象会社のEBITDAや売上高を掛けて理論上の事業価値を算定する ・事業価値から企業価値、株主価値、株価を算定する

したがって、これらの手法には一長一短があるため、複数の方法が併用されるのです。類似会社比較法では、図表5－23のようなステップで価値が算定されます。ここからは、それぞれのステップについて詳しく説明していきましょう。

類似会社の選定

最初に行なわれるのは、価値を算定しようとしている対象の会社（以下、**対象会社**）に類似した会社（以下、**類似会社**）を選定することです。同じような事業構成の会社であるかどうか、事業規模や成長率などが類似しているかどうか、といった視点で会社を選定します。具体的には、同業種の上場企業のなかから、対象会社の売上規模や成長性などに近い会社を選び出すことになります。

倍率指標の選定と算出

続いて行なうのは、**倍率指標**の選定です。倍率指標には様々なものがありますが、分母に利益や売上高などを、分子に事業価値（「Enterprise Value」の頭文字をとって**EV**とも呼びます）や株主価値（株価）を入れた指標がよく使用されます。

事業価値（EV）をベースとしてよく使用される指標は、**EV／EBITDA倍率**や、**EV／売上高倍率**などです。

EBITDAとは、「Earnings Before Interest, Tax, Depreciation and Amortization」の頭文字をとったもので、日本語に訳すと**支払利息・税金・減価償却費差引前利益**となります。具体的には、P／L（損益計算書）上の営業利益に、有形固定資産の減価償却費、のれんなどの無形固定資産の償却費を足し戻したものだと考えればよいでしょう。

また、ベンチャー企業などで利益が赤字の会社の場合、分母に利益を入れた倍率指標は使いにくいため、EV／売上高倍率のように、分母に売上高を入れた指標が使われることがあります。

こうした指標のなかから、価値算定に使う倍率指標を選定したうえで、類似会社の倍率指標を計算します。

事業価値と株価の算定

そして、最後のステップとして、対象会社の事業価値を算定します。具体的には、倍率指標としてEV／EBITDA倍率を使う場合は、類似会社のEV／EBITDA倍率に対象会社のEBITDAを、EV／売上高倍率を使う場合は、類似会社のEV／売上高倍率に対象会社の売上高を掛け合わせて対象会社の事業価値を算定します。

この後は、199ページの図表5－14のステップに従って、企業価値、株主価値を計算し、株主価値を発行済株式総数で割って1株当たりの株価の推定値を算定します。

ケース・スタディ

類似会社比較法でプリマハムの企業価値を評価する

次に、類似会社比較法によるケース・スタディを行ないます。DCF法と同様に、プリマハムをケースとして取り上げることにしましょう。先ほど説明したように、類似会社比較法では、「**類似会社の選定**」「**倍率指標の選定と算出**」「**事業価値と株価の算定**」というステップで価値を評価します。

■類似会社の選定

最初のステップは、類似会社の選定です。プリマハムは食肉加工メーカーですから、同じ業種の競合他社から類似会社を選択することになります。

ヤフーファイナンスなどで銘柄検索を行なうと、複数の食肉加工会社が上場していることがわかりますが、ここでは、プリマハムと同様に国内大手メーカーである、**日本ハム**、**伊藤ハム米久ホールディングス**（以下、伊藤ハム米久ＨＤ）、**丸大食品**の３社を類似会社

◉図表5-24　類似会社とプリマハムの業績概要（2018年3月期）

（金額の単位：百万円）

	日本ハム	伊藤ハム米久HD	丸大食品	プリマハム
売上高	1,269,201	831,865	239,586	394,534
年平均売上高成長率	3.4%	5.0%	2.9%	6.8%
売上高営業利益率	3.9%	2.6%	1.0%	3.3%

注：年平均売上高成長率は2014年3月期から2018年3月期の売上成長率を年率で示したもの。ただし、伊藤ハム米久HDは2017年3月期と2018年3月期の財務データしか入手できないため、2018年3月期における前年比成長率を記載している

として取り上げることにします。

図表5－24は、これらの類似会社およびプリマハムの業績概要をまとめたものです。これらの会社のなかでは、プリマハムは売上高で3位、年平均売上高成長率では1位、売上高営業利益率では2位のポジションであることがわかります。

倍率指標の選定と算出

続いて、倍率指標の選定に入ります。倍率指標には様々なものがありますが、ここでは実務でもよく使われるEV／EBITDA倍率を使うことにします。

198～199ページで説明したように、EV（事業価値）は有利子負債と株式時価総額を足したもの（企業価値）から非事業用資産（現預金や有価証券など）を差し引いたものです。また、EBITDAは、220ページで説明したように、営業利益に減価償却費を足し戻して計算します。なお、本来、EBITDAは予想値を用いるべきという考え方もありますが、本書では2018年3月期の

◉図表5-25　類似会社のEV/EBITDA倍率（2018年3月期）

（金額の単位：百万円）

	日本ハム	伊藤ハム米久HD	丸大食品
①時価総額	468,665	273,353	65,448
②有利子負債	110,948	48,149	14,913
③現預金・有価証券	74,853	29,585	8,709
④EV(=①+②−③)	504,760	291,917	71,652
⑤営業利益	49,284	21,562	2,370
⑥減価償却費	21,719	10,304	5,688
⑦EBITDA(=⑤+⑥)	71,003	31,866	8,058
⑧EV/EBITDA倍率(=④÷⑦)	7.1	9.2	8.9

注：減価償却費には、のれん償却額を含めている

実績値を使用して試算しています。なお、EVを算出するにあたっての時価総額等についても、2018年3月末時点のデータを使用しています。

これらを踏まえて類似会社のEV／EBITDA倍率を計算した結果が、図表5－25です。

この試算によれば、EV／EBITDA倍率は、日本ハムで7・1倍、伊藤ハム米久HDで9・2倍、丸大食品では8・9倍となっています。

■事業価値と株価の算定

これらのEV／EBITDA倍率から推定株価を試算したものが、図表5－26です。

この試算結果から、類似会社比較法によるプリマハムの推定株価は、537円から718円の範囲にあることがわかります。これは、DCF法で行なった企業価値評価の結果（595円）に近い数値になってお

◉図表5-26　類似会社比較法による株価の試算結果

（金額の単位：百万円）

	日本ハム	伊藤ハム米久HD	丸大食品
①EV/EBITDA倍率	7.1	9.2	8.9
プリマハムの推定株価の試算			
②EBITDA	21,725	21,725	21,725
③事業価値（=①×②）	154,248	199,870	193,353
④現預金・有価証券	13,383	13,383	13,383
⑤企業価値（=③+④）	167,631	213,253	206,736
⑥有利子負債	32,505	32,505	32,505
⑦株主価値（=⑤−⑥）	135,126	180,748	174,231
⑧発行済株式総数（百万株）	251.72	251.72	251.72
⑨株価（=⑦÷⑧）	537円	718円	692円

注：発行済株式総数は自己株式数を除いている。株価の単位は円

り、DCF法による算定結果が妥当であったことが確認できます。

また、プリマハムの2018年3月末時点での株価は610円だったので、それと比較すると、日本ハムのEV／EBITDA倍率を使った試算結果は約12％低く、伊藤ハム米久HDおよび丸大食品の試算結果はそれぞれ約18％および約13％高くなってはいますが、実際の株価水準に近い結果が得られていることがわかります。

さらに、これらの試算結果は、2017年4月から2018年3月までにおけるプリマハムの月末株価（終値）の値動き（514円から827円）の範囲内に収まっていることも確認できます。

M&Aとシナジー効果

シナジー効果とは何か?

M&Aの目的として、まず挙げられるのが「**シナジー効果**」です。シナジー効果は「**相乗効果**」とも呼ばれ、2つ以上の会社や事業を統合したときに、それぞれが別々に運営されるよりも企業価値が高まる場合に、「シナジー効果がある」という言い方をします。

シナジー効果は、売上面、コスト面の両方で発揮される可能性があります。例えば、A社がB社によって買収されたケースを考えてみましょう。

もし、A社の製品をB社の顧客にも販売することができるとすれば、A社の売上高はA社単独で運営しているときよりも大きくなります。このような状況では、「売上面でのシナジー効果がある」と言えます。

コスト面ではどうでしょうか。A社とB社の間で、重複している部門や工場などがあるとしたら、これらを統合することでコスト削減が見込めます。このような場合、「コスト面でのシナジー効果が働いている」と考えてよいでしょう。

シナジー効果を企業価値評価にどう盛り込むか?

売上面にせよ、コスト面にせよ、シナジー効果が働く場合には、その分利益が増加します。その結果、ＦＣＦが増加することになるわけです。

ここまでに説明してきた企業価値評価の手法では、基本的に買収される対象の会社（対象会社）の株主にとっての価値を算定してきました。

例えば、ＤＣＦ法では、対象会社が今後も単独で運営していくことを想定したＦＣＦを予測し、対象会社のＷＡＣＣで割引計算を行なっています。こうした計算から最終的に得られるのは、対象会社の株主に帰属する価値に対する評価でした。

普通に考えれば、この評価額が買収を行なうときの価格の最低ラインとなります。なぜなら、評価額より低い価格で買収を提案されたとしたら、株主にとっては株式市場で株式を売却したほうがよいからです。

一方、買収を行なう会社（買収会社）、あるいはその株主から見れば、Ｍ＆Ａによるシナジー効果が見込める分、ＦＣＦを上乗せして考えることができます。シナジー効果が働く分、対象会社の価値が高まるためです。

つまり、**Ｍ＆Ａによるシナジー効果が働くならば、買収会社の株主の考える対象会社の価値は、対象会社の株主が考える価値よりも高くなる**のです。

■買収プレミアムとシナジー効果の関係

こうしたシナジー効果への期待や、対象会社の経営支配権を獲得する価値が上乗せされることなどから、実際に企業が買収されるときの取引価格は、市場で売買されている価格よりも高い価格がつけられます。この価格の上乗せ分のことを、「**買収プレミアム**」と呼びます。

例えば、本章で取り上げた壱番屋の例では、10％強の買収プレミアムがつけられていました。

買収プレミアムの一般的な水準としては、米国やヨーロッパでは20〜30％程度だとする研究結果が報告されています。**日本国内では、時期や測定方法によって多少のばらつきはあるものの、10〜20％前後**だとする研究結果が多く報告されています。

日本と米国やヨーロッパにおいて、買収プレミアムに差が出ている要因については、シナジー効果に対する見積もりの差や、日本における少数株主（買収を行なう会社以外の株主）の発言力が相対的に小さいこと、日本では敵対的買収（M&Aの対象となる会社の経営陣がM&Aに反対しているケース）の割合が低いことなどではないかと推測されます。

また、M&Aを行なうときに競合する買収者が現れた場合、買収プレミアムが高くなる傾向があることなども知られています。

コンサル File5 なぜM&Aを成功させるのは難しいのか？

226ページで述べたように、シナジー効果が発揮される場合、M&Aは企業にとって経営戦略を実現するための魅力的な手段となりえます。M&Aを行なうことで、自前で事業を立ち上げるよりもスピーディにその事業を手に入れることができますから、**M&Aは「時間を買う」取引である**、と言われることもあります。

では、「M&Aを行なった企業がすべて成功しているのか」と言えば、そうではありません。むしろ、うまくいっていないケースのほうが目立つのではないでしょうか。デロイトトーマツコンサルティングの調査によれば、海外M&Aを行なった日本企業のうち、「成功」と回答した企業の割合は37%にとどまっています。したがって、M&Aはリスクの高い取引であるとも言えます。

M&Aの成功と失敗を分けるポイントはどこにあるのでしょうか。

もちろん、失敗の原因は様々ですが、**M&Aにおける取引価格の設定**と、**M&A後の経営統合**（これを「Post-Merger Integration」、略して「PMI」と呼びます）に原因があることが多いのです。

M&Aの成功が、M&Aによって企業価値を高めることだと定義するなら、**取引価格が高くなればなるほど、M&Aの成功確率が下がる**ことを意味します。また、シナジー効果を働かせるためには、PMIが重要であることは言うまでもありません。これらのポイントについて、**日本電産**の事例をもとに考えてみましょう。

日本電産は、モーターを主力製品とするメーカーで、M&Aを連続して成功させている数少ない日本企業だと言われています。そのM&Aを主導しているのは、CEOの永守重信氏です。

日本電産のM&Aの特徴の1つは、買収対象となる会社の事業領域をモーターとその周辺領域に絞っているところです。基本的に、日本電産は、永守氏の土地勘が効く領域のみでM&Aを行なってきました。また、優れた技術、人材、市場を有する会社でありながら、ムダの多い会社を買収してきたことも特徴的です。要するに、伸びしろの大きい会社を選んできたということなのです。

価格面でも永守氏のポリシーが生かされています。永守氏は、M&A時の価格設定について、「シナジーが十分見込めないのに、EV/EBITDA倍率が10倍を超える案件は、買収を見送ってきた」とコメントしています（2012年10月28日付日経ヴェリタス）。**いかに買収したい案件であっても、価格が折り合わなければ買わない**、という姿勢を貫いているのです。

さらに、日本電産はＰＭＩのやり方も徹底しています。買収した会社に永守氏自ら毎週通って、生産性の向上やコスト削減などをつきっきりで指導し、最高益を達成することにコミットしています。

以上のように、日本電産では、買収先の選定、価格の設定、ＰＭＩにおいて永守氏のポリシーを徹底しています。こうした姿勢が日本電産におけるＭ＆Ａの成功を支えているのです。しかしながら、「言うは易し、行なうは難し」で、こうした姿勢の徹底は容易なことではありません。

「土地勘のない会社を買収する」「ついつい焦って高値づかみをしてしまう」「相手先の会社の経営状況を十分に把握もできず、思わぬリスクが顕在化してしまう」――。

東芝のウエスチングハウス社の買収などは、失敗したＭ＆Ａの典型例とも言えるでしょう。

ちなみに、Ｍ＆Ａは、もはや大手企業だけのものではなく、中小企業でも一般的に行なわれるようになってきています。また、規模が違うとはいえ、中小企業のＭ＆Ａにおいて起こる問題も大企業と同様です。

例えば、私がコンサルティングをしていたある中小企業（以下、Ａ社）にＭ＆Ａの案件が持ち込まれたことがありました。Ｍ＆Ａの候補先とＡ社の事業の関連性も深く、Ａ社の社長も乗り気だったのですが、問題になったのは価格でした。Ｍ＆Ａ候補先のオーナーが考えていた売却価格は、A社で想定されていた価格よりも相当高かったのです。結局、最終的にA社はそのM&Aを断念することになってしまいました。

このように、中小企業の場合でも、**買い手側と売り手側で希望する価格が大きくかけ離れていることは珍しくありません。**

独立行政法人中小企業基盤整備機構が2008年に行なった調査によれば、売手企業の譲渡希望価格に対する回答は、「純資産額の5倍以上」が17・0%、「純資産の2~4倍」が27・3%、「純資産額と同程度」が13・5%となっています。

一方、M&Aによる買収を考えている中小企業の経営者に一般論としての希望価格を聞いてみると、「純資産と同程度なら買収する」という回答が多いのです。先ほどのアンケート調査を踏まえて考えると、売り手と買い手の希望価格が一致するのは、全体の1割強に過ぎません。

大企業であれ、中小企業であれ、M&Aは自社の成長戦略を実現する有力な手段になりえます。

しかしながら、その投資を成功させるためには、**適切な価格で取引を行なうとともに、シナジー効果によってM&Aの価値を高めるための取り組みが欠かせない**のです。

第6章

ファイナンス戦略を読み解く

――企業価値を高めるための資金調達と株主還元

この章で身につける「武器」

☑ 株価を高めるための資金調達の手法
☑ 最適資本構成の考え方
☑ 株価を高めるための株主還元の考え方
☑ 配当と自社株買いの使い分け方

資金調達と株主還元はなぜ重要なのか？

ファイナンス思考力で資金調達と株主還元を読み解く

第1章で説明しましたが、ファイナンスにおいて、**資金調達と株主還元**は、会社にとってのおカネの入口と出口をマネジメントすることに相当します。言ってみれば、おカネの視点で会社経営を見たときのインプットとアウトプットに相当するのが、資金調達と株主還元です。

第4章で取り上げたKPIマネジメントや、第5章で取り上げたM&Aや事業投資における主役は会社のビジネス、すなわちB／Sの左側やP／L、キャッシュ・フローでした。一方で、資金調達や株主還元ではB／Sの右側やP／Lの当期純利益（ボトムライン）以降が話の中心となります。したがって、一般のビジネスパーソンにとっては少し遠い話のように思われるかもしれません。

しかしながら、**ファイナンス思考力を活かせば、資金調達や株主還元といったファイナンスの戦略に関しても深く読み解くことができます。**

本章では、ここまでの章で身につけた会計やファイナンスの知識をフル活用して、資金調達と株主還元の実務と理論がどう結びついているのかを解説していきます。

資金調達の重要性

会社にとってのおカネの入口が、資金調達です。会社をつくろうとするときには、必ずどこからかおカネを集めてこなければ始まりません。自分で会社を立ち上げようとするなら、自己資金や銀行などからの借入金を開業資金に充てる必要があります。

その後も、会社において設備投資やM&Aなどで資金需要が発生した場合、借入金や社債、増資などにより資金を調達する必要があります。臨機応変な資金調達によって、会社は成長を加速することができるのです。**資金調達の可否は、会社にとっての生命線を握っていると言っても過言ではありません。**

また、第3章でも取り上げたように、会社が調達した資本（資金）にはコスト（資本コスト）がかかります。こうした資本コストを上回る儲けを出すことによって、はじめて会社は自らの価値（企業価値）を高めることができます。したがって、企業価値を高めるためには、儲けを出すことはもちろんですが、資本コストを抑えることも重要です。

資本コストを抑えることは、投資プロジェクトの割引率を引き下げることにつながり、それがＮＰＶを増加させるからです。本章では、企業価値を高めるための資本構成と資本コストの関係に対する考え方についても、実例を交えて解説していきます。

株主還元の重要性

会社が上げた利益は、最終的には株主に帰属するものです。ただし、第1章でも取り上げたように、会社の利益がすべて株主に還元されるわけではありません。利益の一部は株主に配当や自社株買いという形で還元されますが、それ以外は内部留保として再投資されます。しかし、その再投資は将来の利益を生むために使われるもので、その将来の利益はやはり最終的には株主に帰属することになります。

では、会社が上げた利益の何割を株主還元に充てるべきなのでしょうか。

じつは、この問題に対して一律の答えがあるわけではないのです。会社によっては、利益を配当せず、すべて内部留保に回したほうがよいケースもあります。また、積極的に配当することが株主から歓迎されるケースもあります。本章の後半では、株主還元に対して会社はどのように向き合うべきなのか、その考え方を明らかにしていきます。

資金調達の手段と株価の関係

資金調達の方法にはどのようなやり方があるのか？

会社が行なう資金調達には、様々な方法があります。最近では、会社の資金調達手段が多様化してきていますが、ここでは基本的な資金調達手段のみを取り上げます。

次ページの図表６－１は、基本的な資金調達手段の特徴をまとめたものです。

借入金は、銀行から借り入れた資金です。比較的短期の資金需要に対応することが多いのですが、長期で資金を借り入れるケースもあります。当然、返済と利息の支払いが必要です。

社債は、証券市場を通じて発行される債券で、不特定多数の社債投資家から資金を借りるものです。調達期間は３～10年が一般的で、満期を迎えた社債に対しては返済（社債の場合、返済のことを「**償還**」と呼びます）が必要となります。また、利息の支払いも必要です。このような、通常の社債のことを「**普通社債**」と呼びます。言ってみれば、証券市

◉図表6-1　基本的な資金調達手段の特徴

	対象	期間	返済	利息	配当
借入金	銀行	比較的短期（長期も可）	必要	あり	なし
社債	社債投資家	中長期	必要	あり	なし
株式	株式投資家	無期限	不要	なし	あり

場を通じておカネを借りる手段が社債ですので、B／S上は負債に分類されます。

一方、特別な条件がつけられた社債もあります。例えば、「**転換社債**」は、一定価格で社債を株式に転換できる権利がついています。こうした転換社債は、負債と株式の中間的な性格を持ちます（ただし、転換前の転換社債はB／S上では負債に計上されます）。

株式に関しては、あまり詳しく説明する必要はないかもしれません。会社が株式を発行し、その株式の対価として株主に資金を払い込んでもらうことで資金を調達します。株式に関しては、調達期限は無期限、返済も利息も必要ありません。ただし、利益の一部を配当金として株主に支払います。

株式の発行方法としては、不特定多数の投資家に対して株式を発行する**公募増資**や、特定の相手に対して株式を発行する**第三者割当増資**などがあります。

■ アサヒHDのケース

ここからは、実際の資金調達の事例を取り上げます。まずは、アサヒビールやアサヒ飲料などを傘下に持つ**アサヒグループホールディングス**（以下、アサヒHD）の資金調達について紹介しましょう。

ビール業界各社は、国内市場の成熟化に伴い、海外進出を加速してきました。例えば、キリンホールディングスは、2007年にオーストラリアのナショナルフーズを、2009年には同じくオーストラリアのビール会社であるライオンネイサンを買収しています。また、サントリーは2014年に、「ジム・ビーム」で知られるビームを買収しました。

国内での成長が限られるなか、各社は成長の機会を海外に求めてきたのです。

そうした状況で、アサヒHDはビール世界最大手のアンハイザー・ブッシュ・インベブ（ABI）から、2016年2月10日には西欧事業を約3300億円で、2016年12月13日には中東欧事業を約9000億円で買収すると発表しました。

これらの事業は、ABIがイギリスビール会社大手のSABミラーを買収するにあたり、各国の独占禁止法に対応するために売り出されたもので、アサヒHDは欧州事業の強化を目的として、こうした事業を買収したのです。

アサヒHDでは、これらの買収に必要な資金を、主に銀行からの借入金でまかないまし

◉図表6-2　アサヒHDの株価とTOPIXの推移

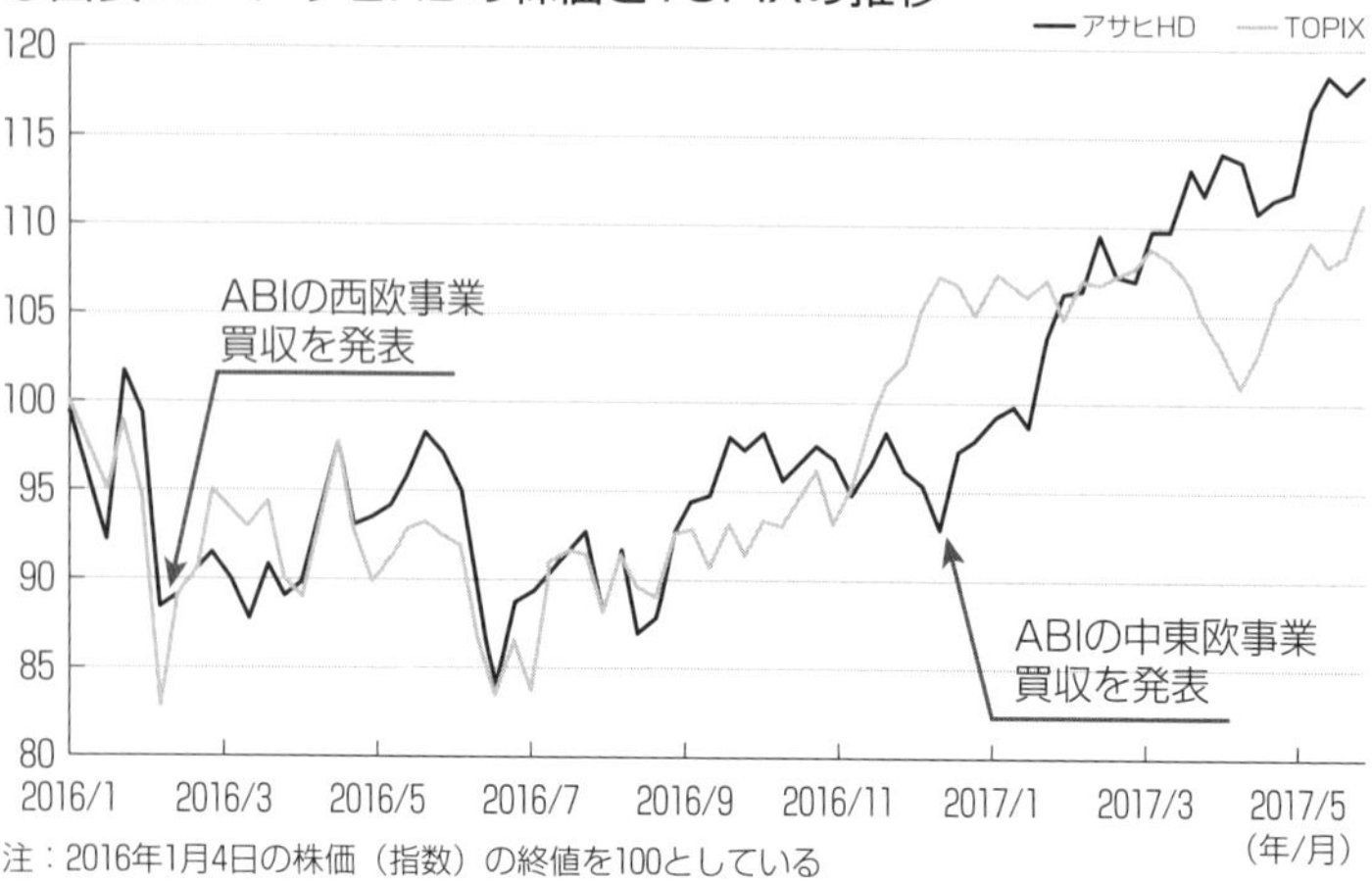

注：2016年1月4日の株価（指数）の終値を100としている

た。その結果、アサヒHDにおける有利子負債の金額は2015年12月期の4144億円から、2017年12月期の1兆2619億円へと約8500億円増加しました。

事業買収の発表後、株価はどのように推移したのでしょうか。図表6－2は、アサヒHDの株価（週次終値ベース）とTOPIX（東証株価指数）の推移をまとめたものです。

このグラフから、アサヒHDの株価は、買収発表後に堅調に推移していることがわかります。

特に、金額が大きい中東欧事業の買収発表後の株価は、TOPIXを上回る高いパフォーマンスを示しています。

全日空のケース

次に、航空会社の**全日本空輸**（現ANAホールデ

◉図表6-3　全日空の株価とTOPIXの推移

注：2012年6月4日の株価（指数）の終値を100としている

イングス。以下、全日空）の事例を取り上げます。

全日空は、２０１２年７月３日に10億株の増資（新株発行）を行なうと発表しました。２０１２年３月期末の発行済株式総数が25・２億株ですから、発行済株式総数の約40％に当たる大型増資です。調達した資金は、新たな航空機材の購入などに充てるほか、借入金の返済も行なう予定としていました。

最終的に、全日空は公募増資で９・１億株を発行し、さらに第三者割当増資も加えることで、その資金調達額は１７００億円を超えました。結果として、全日空の自己資本比率（総資産に占める自己資本の比率）は２０１２年３月期の27・４％から、２０１３年３月期には35・９％までに上昇しました。

増資の発表以降の株価の推移をまとめたものが、図表６－３です。全日空による増資発表前の新聞報道から株価が低下し、その後、全日空の株価は低迷することになってしまいました。グラフからも、この期間では、TOPIXが大きく上昇しているにもかかわらず、全日空の株価が上昇できずにいる様子をうかがうことができます。

なぜアサヒHDの株価は上がり、全日空の株価は下がったのか?

では、なぜアサヒHDの株価は上昇し、全日空の株価は低下したのでしょうか。

その要因の1つとして、調達した資金を投資することで得られるキャッシュ・フローに対して、市場の評価が分かれた可能性を挙げることができます。

アサヒHDが投資した欧州事業から得られるキャッシュ・フローに対しては市場がポジティブな評価を行なった一方、全日空の航空機材への投資から得られるキャッシュ・フローに対しては、市場は懐疑的な見方をしていたのかもしれません。

そして、もう1つの要因としては、両社の資金調達手段の違いが、その後の株価に影響した可能性があります。アサヒHDが借入金によって投資資金を調達したのに対し、全日空は増資により資金を調達しました。この違いがなぜ株価に影響したのか、ここからは、資本構成（負債と株式の構成割合）と企業価値の関係についての理論を踏まえて考えてみることにしましょう。

資本構成と企業価値の関係

資本構成は企業価値に影響しない？

ファイナンスの世界において非常に有名な理論として、経済学者のフランコ・モジリアーニとマートン・ミラーによる**無関連性命題**というものがあります。

この命題は、両者の頭文字をとって「MMの無関連性命題」とも呼ばれ、「税金や**デフォルト・リスク**がないなどの条件のもとでは、資本構成は企業価値に影響しない」というものです。なお、デフォルト・リスクとは、債務不履行リスクのことですが、さしあたっては倒産リスクと同じ意味でとらえてもらっても構いません。

少し難しく感じるかもしれませんが、本書でこれまで説明した内容を踏まえて考えれば大丈夫です。次ページの図表6－4を使って説明しましょう。

第5章で説明したように、企業価値は、事業で生み出されるFCFを現在価値に割り引いて計算されます（ここでは事業外資産を0としますので、企業価値＝事業価値となります）。そのため、**企業価値に関係するのはFCFと割引率**です。

◉図表6-4　資本構成と企業価値の関係

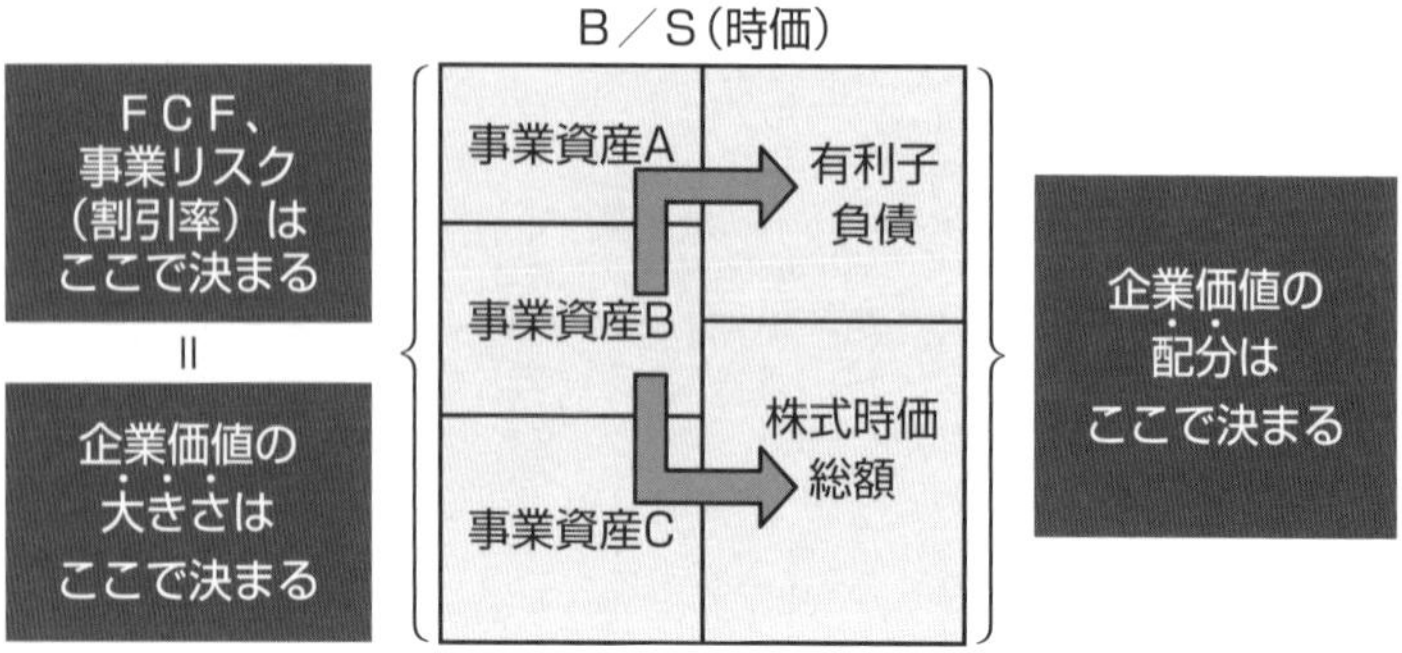

このうち、FCFは事業から生み出されるものですから、それを左右するのは、B／Sの左側（事業）です。資本構成が変わったからといってFCFの金額が変わることはありません。

では、割引率はどうでしょうか。企業価値評価のときに用いた割引率はWACCでしたから、これは資本価値に影響されるように思われるかもしれません。しかし、WACCは、あくまでもその会社の事業のリスクに応じて、債権者や株主が求める期待リターンです。リスクが高い事業を営む会社に対して、投資家は高いリターンを求めますが、リスクの低い事業を営む会社に対する期待リターンは低くなります。つまり、期待リターンを決めるリスクは、あくまで事業の持つリスクですから、こちらもB／Sの左側で決まるのです。

企業価値の大きさはあくまでもB／Sの左側で決まり、B／Sの右側（資本構成）で決まるのは企業価値の配分である、というのがMMの無関連性命題のポイントです。

◉図表6-5　節税効果と企業価値の関係

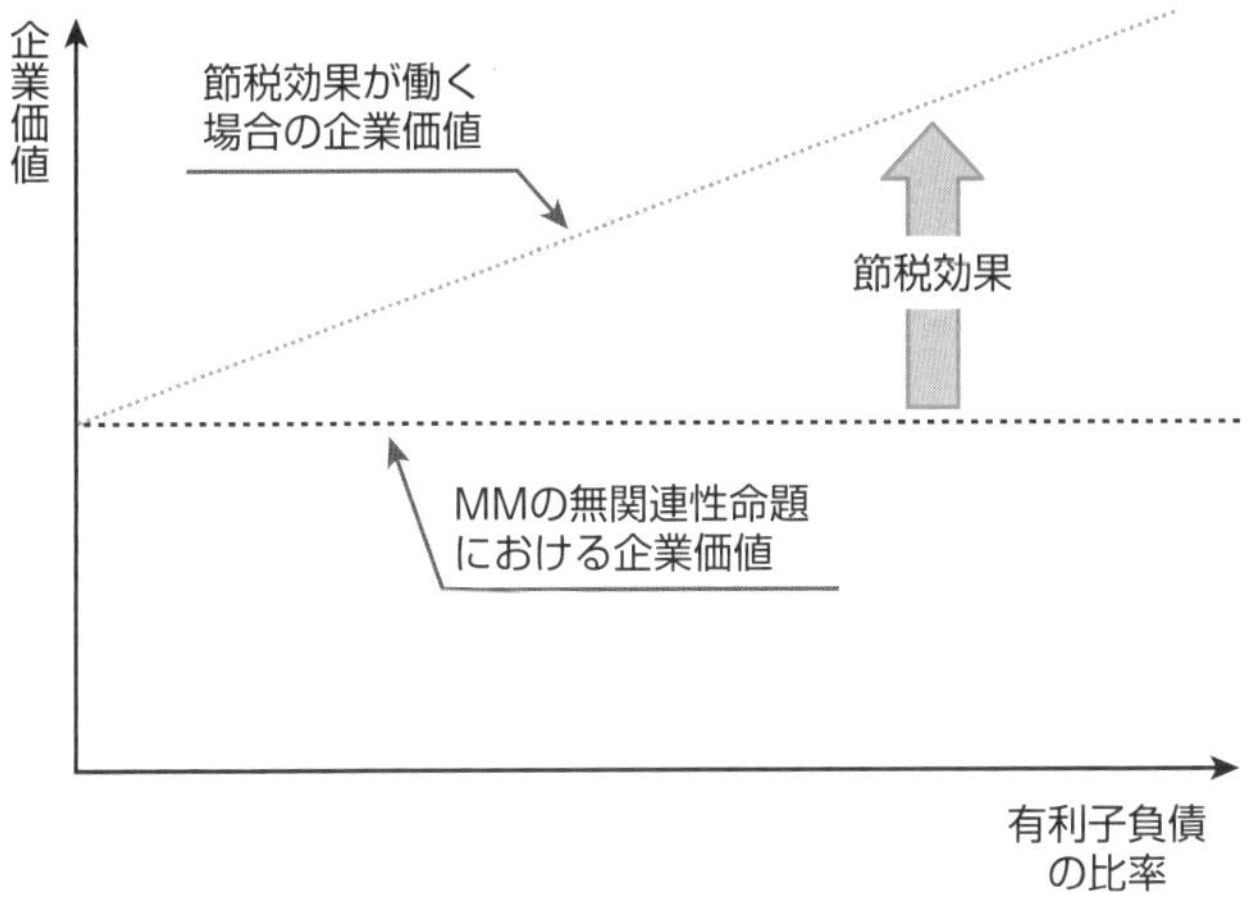

負債の節税効果と企業価値

　では、現実においても資本構成は企業価値に影響を与えないのでしょうか。

　ここで問題となるのが、MMの無関連性命題では、いくつかの前提条件を設定していることです。その1つが、「税金が課されない」という条件です。通常、「税金が課されない」というのは現実的ではありません。

　利益に対して税金が課される状況を想定すると、第3章の97〜98ページで説明したように、有利子負債には節税効果があります。有利子負債に対する支払利息が計上された結果、課税対象となる利益が減少し、最終的には税金の支払額が減少する分、資本コストが低下することによって企業価値が増加します。これを踏まえれば、図表6－5に示すように、節税効果が働く

◉図表6-6　節税効果とデフォルト・コストのトレード・オフ

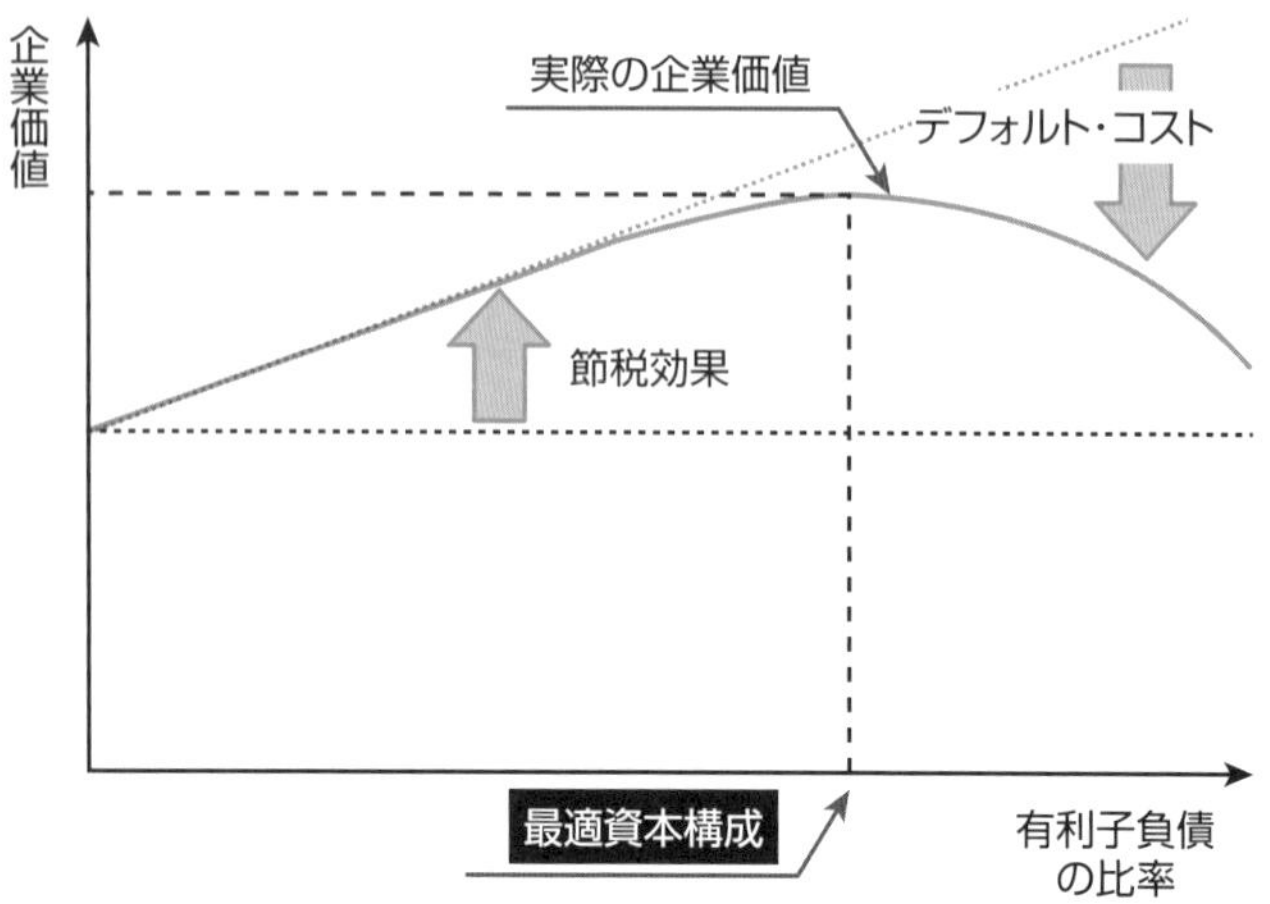

限り（課税対象となる利息支払い後の利益額がプラスである限り）、有利子負債の比率を増やすほど企業価値は増加することになります。

■節税効果とデフォルト・コストのトレード・オフ

では、本当に節税効果が働く限り、有利子負債を増やし続けてよいのでしょうか。

これも現実的であるとは言えません。有利子負債を増やしすぎると、**デフォルト・リスクが高まるためです。**

デフォルト・リスクが高まると、様々な形のコストが発生します。例えば、経営者は倒産を回避するために、資金繰りに奔走しなければならなくなり、本来行なわなければならない業務執行が疎かになってしまうでしょう。その場合、FCFの減少につながります。また、こうした状況下では、その会社は債権者や株主から厳しい目を向けられることになります。そうなると、資本コストが上昇してしまいます。

こうしたデフォルト・リスクに伴うコストを、「**デフォルト・コスト**」と呼びます。有利子負債がある一定割合を超えると、デフォルト・コストは急激に増加します。結果として、実際の企業価値は、図表6－6の実線に示すようなカーブを描くことになるのです。このなかで、企業価値が最大となる有利子負債の比率が、その会社にとっての「**最適資本構成**」となります。最適資本構成は、節税効果とデフォルト・コストのトレード・オフによって決まります。これを「**資本構成のトレード・オフ理論**」と呼びます。

格付けとデフォルト・リスク

ところで、デフォルト・リスクに関係するものとして、企業に対する「**格付け**」があります。格付けとは、社債のリスクに応じて企業をランク付けしたものです。例えば、格付投資情報センター（R&I）や、日本格付研究所（JCR）、スタンダード&プアーズ（S&P）、ムーディーズといった格付け機関が格付けを行なっています。

格付けは、例えばS&Pであれば、格付けは上から順に「AAA」「AA」「A」「BBB」「BB」「B」「CCC」……のように付けられ、さらにそれに「+」や「−」の記号

◉図表6-7　格付け別の5年間累積デフォルト率（2000～2017年）

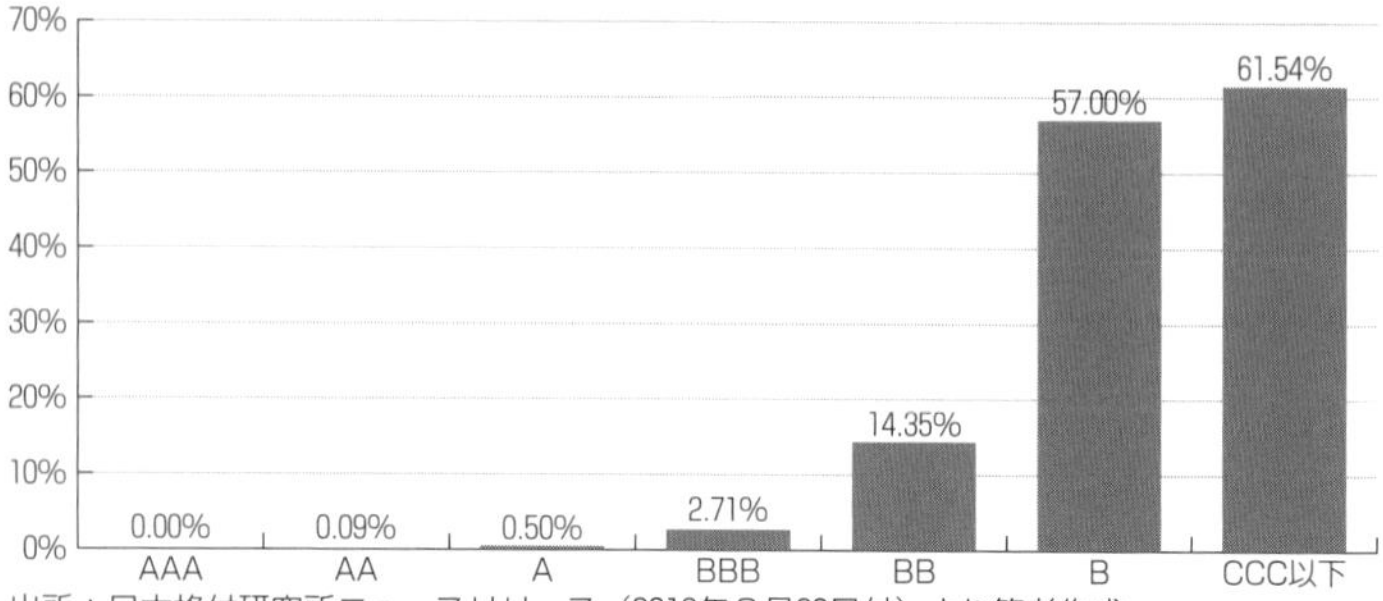

出所：日本格付研究所ニュースリリース（2018年３月29日付）より筆者作成

を付けて、同じ格付け内での相対的な強弱を表します。格付けが上であるほど、その会社の社債の償還が不可能になる（デフォルトする）確率（**デフォルト率**）が低いことを意味しています。

では、格付けごとのデフォルト率はどれくらいなのでしょうか。図表６‐７は、ＪＣＲの調査による格付け別の５年間累積デフォルト率を示したものです。ここからも、格付けが高いほどデフォルト率が低く、格付けが低いほどデフォルト率が高くなることが読み取れます（ただし、Ｂ以下のデフォルト率が高いのは、サンプル数が少ないことも影響しているようです）。

■増資が企業価値を下げ、負債利用が企業価値を上げる理由

以上のように、資本構成が節税効果やデフォルト・コスト、ひいては企業価値に影響を及ぼしますが、デフォルト・コストを見積もることは非常に難しいため、最適資本構成がどこになるのかを数字で正確に特定することはできません。

しかしながら、ここまで説明してきた理論を踏まえれば、なぜ増資をした全日空は株価を下げ、負債を利用したアサヒＨＤは株価を上げることになったのかの一端を説明することができます。

増資を行なう場合は、２４６ページの図表６－６では有利子負債の比率が左にシフトします。すなわち、**デフォルト・コストが大きい状況でない限りは、節税効果による資本コストの低減効果が小さくなりますから、企業全体としての資本コストは上昇します。**

したがって、株式による資金調達に伴う資本コストは高く、そのコストを上回るキャッシュ・フローを得ることができなければ、企業価値は低下することになります。全日空の株価が下がったのは、増資によって増加した資本コストを上回るだけのキャッシュ・フローが得られないと市場が判断したためだと推測できます。

その一方で、**デフォルト・コストが低い状況であれば、有利子負債による資金調達を行なうことで、節税効果による資本コストの低減が見込めます。**

もちろん、負債コストもゼロではありませんから、負債コストを上回るキャッシュ・フローを得なければなりませんが、増資の場合と比較すれば、そのハードルは相対的に低いと言えるでしょう。アサヒＨＤの場合は、有利子負債による資金調達によって発生した資本コストを上回るキャッシュ・フローが買収事業から得られると市場が判断したことで、株価が上昇したと解釈することができます。

株主還元の手段と株価の関係

株主にどのように還元するか？

続いて、株主還元の方法について取り上げます。株主還元の手段としては、**配当**と**自社株買い**の2通りがあります。

配当は、利益の一部を株主に対して配当金として支払うものです。配当金の支払いは、年2回（中間決算時と期末決算時に）行なわれることが多いのですが、年1回しか支払わない会社、四半期決算ごとに年4回支払う会社など様々です。

また、配当の水準を測るモノサシとしては、**配当利回り**や**配当性向**などがあります。配当利回りとは、1株当たり配当金を株価で割ったもので、文字どおり株主にとっての配当の利回りを表すものです。また、配当性向とは、1株当たり配当金を1株当たり当期純利益（EPS）で割ったもので、利益の何％を配当に回したのかを測る指標です。

株主還元のもう1つの手法が、自社株買いです。自社株買いとは、一旦発行した株式を自社が買い戻すという取引です。自社株買いを行なうことで、市場に流通している株式数は減少することになります。

これらの配当と自社株買いに回した金額を当期純利益で割ったものを、「**総還元性向**」と言います。これは先ほどの配当性向と同じ考え方で、当期純利益の何%を株主還元に回したのかを測る指標です。

バンダイナムコHDのケース

ここでは、株主還元と株価の関係を探るために、ゲーム会社の**バンダイナムコホールディングス**（以下、バンダイナムコHD）の事例を取り上げます。

バンダイナムコHDは、2018年2月9日正午に、株主還元政策に関する発表を行ないました。それは、株主還元政策を、これまでの「連結配当性向30%」から、「総還元性向50%」に変更するとともに、2018年3月期の年間配当金の予想も1株当たり95円に引き上げるというものでした（2017年3月期の年間配当金は1株当たり82円）。

その結果、株価がどう動いたのかをグラフにしたものが、次ページの図表6－8です。

同図表によると、2018年2月8日以前の株価の推移はTOPIXと大差ありませんが、増配および総還元性向に関する発表を行なった2月9日に株価は大きく上昇し、その後の株価水準もTOPIXより高くなっています。

◉図表6-8　バンダイナムコHDの株価とTOPIXの推移

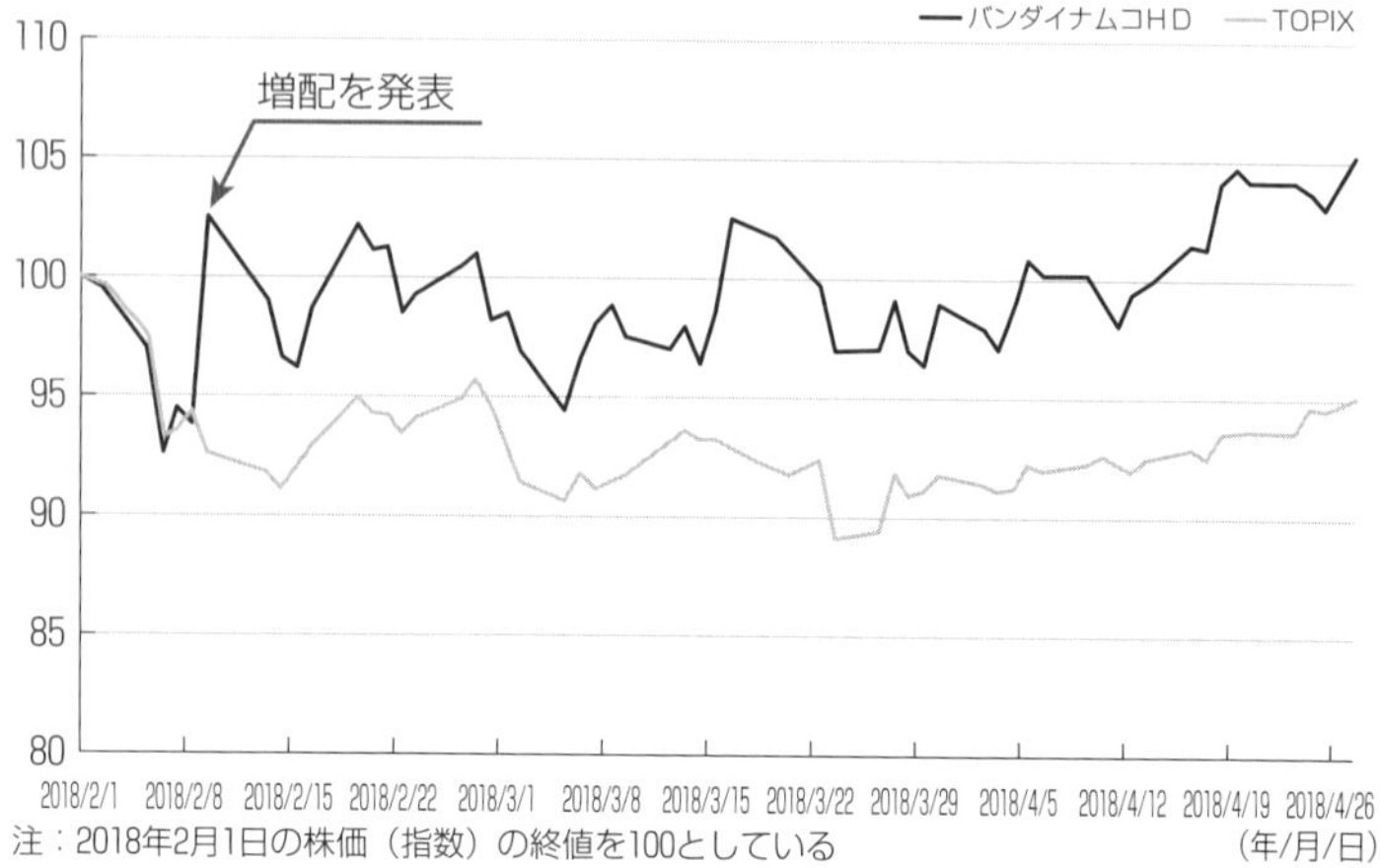

注：2018年2月1日の株価（指数）の終値を100としている

　また、こうした傾向は、２０１８年３月期の配当金を受け取る権利が確定した２０１８年３月末以降も継続しています。

　バンダイナムコＨＤの株価は、なぜ株主還元に関するリリース以降、大きく上昇したのでしょうか。その理由は、配当に関するファイナンスの理論に隠されています。

　それでは、ここからは配当に関する理論について説明していくことにしましょう。

株主還元と株主価値の関係

株主還元と株主価値は関係ない？

配当に関するファイナンスの理論にも、モジリアーニとミラーが登場します。モジリアーニとミラーの「**配当政策無関連性命題**」（MMの配当政策無関連性命題）と呼ばれるもので、「『配当政策には追加的な情報が含まれていない』『配当政策によって経営者が行なう投資政策は影響を受けない』『取引コストや税金が存在しない』などの条件が満たされている場合には、株主価値は配当政策の影響を受けない」という理論です。

配当に関して、簡単な例を考えてみましょう。株価が1万円、発行済株式総数が100株の会社があったとします。このとき、配当金を1000円支払うと、株価はその分下落し、9000円となります。しかしながら、株主の視点で見れば、これは配当前に株価が1万円の株式を保有していたものが、配当後には株価が9000円の株式と1000円の現金（配当金）に分かれただけに過ぎません。

この命題は、自社株買いに対しても適用できます。先ほどと同じく、株価が1万円、発行済株式総数が100株の会社を想定します。この会社が1株当たり1万円で50株分の自社株買いを行なったとすると、株式の価値は、100万円から50万円に減ることになりますが、自社株買いに応じた株主には50万円の現金が支払われます。

この場合でも、自社株買い前は株式の価値（総額）が100万円だったものが、自社株買いに応じなかった株主が保有する50万円の株式と、自社株買いに応じた株主が保有する50万円の現金に分かれただけに過ぎないことがわかります。

株主還元政策に含まれている情報とは？

しかし、MMの配当政策無関連性命題にも、いくつかの前提条件が設定されていました。その1つが「配当政策には追加的な情報が含まれていない」というものです。しかしながら、実際には株主還元の方針には様々な情報が含まれている可能性があります。

例えば、配当政策には、その会社が将来得るであろうFCFの見通しに関する情報が含まれている可能性があります。増配を行なう会社であれば、その会社の経営陣は、自社のFCFが今後増加するという見通しを持っているかもしれません。その経営陣の見通しが正しいとすれば、増配企業の本来あるべき株価は、市場における現在の株価より高くなり、結果として市場での株価が上昇します。

さらに、自社株買いにも追加的な情報が含まれている可能性があります。例えば、自社株買いを行なう時点での株価は、割安な水準にあると経営者が考えているかもしれません。この経営者の考えが正しいとすれば、自社株買いを行なう企業の本来あるべき株価は、現時点での市場での株価より高くなります。このことを市場が認識すると、市場での株価が上昇することになるわけです。

このように、配当や自社株買いといった株主還元政策には何らかの追加的な情報が含まれているのではないかという仮説を、株主還元に関する「**シグナリング仮説**」と呼びます。

株主還元政策が経営者の姿勢を示す

もう1つ、増配や自社株買いが株価を上昇させる要因となる仮説があります。それは、株主還元に関する「**フリー・キャッシュ・フロー仮説**」です。これは、先ほどのMMの配当政策無関連性命題における「配当政策によって経営者が行なう投資政策は影響を受けない」という前提条件と関係しています。

企業が潤沢なキャッシュ・フローを有する場合、その蓄積であるキャッシュをどう使うのか、という点が問題になります。資本コストを上回るキャッシュ・フローが得られる事業に対して経営者が投資を行なえば問題ないのですが、成熟企業の場合などでは、必ずしもそうした有望な投資案件があるとは限りません。このような場合、企業の経営者が浪費的な投資を行なってしまうのではないか、という懸念が生まれます。

そこで、企業が増配や自社株買いを通じて、そうした余分なキャッシュを自社に蓄積しない経営者の姿勢をアピールすることは、株主のそうした懸念を払拭する効果があります。その結果、資本コストが下がって株価が上昇することになるわけです。

■バンダイナムコHDの株価が上がった理由

では、バンダイナムコHDの株価はなぜ上がったのでしょうか。

2018年2月24日付日本経済新聞朝刊においては、「(バンダイナムコHDの)現預金残高は17年3月期末時点で月商の4ヶ月相当の2055億円に膨らんでおり『ため込みすぎ』との批判は多かった」とされています。これは、フリー・キャッシュ・フロー仮説のところで述べた、企業が蓄積したキャッシュに対する懸念が、バンダイナムコHDにも向けられていた状況を示唆しています。

また、同記事では、「株主還元強化を決めた背景には、収益力が安定的に高まってきたとの自信がある」とも触れられています。バンダイナムコHDの新たな株主還元政策と増配には、将来獲得するFCFに対する経営者の自信が表れているという解釈です。これは、

◉図表6-9　アップルの1株当たり配当金

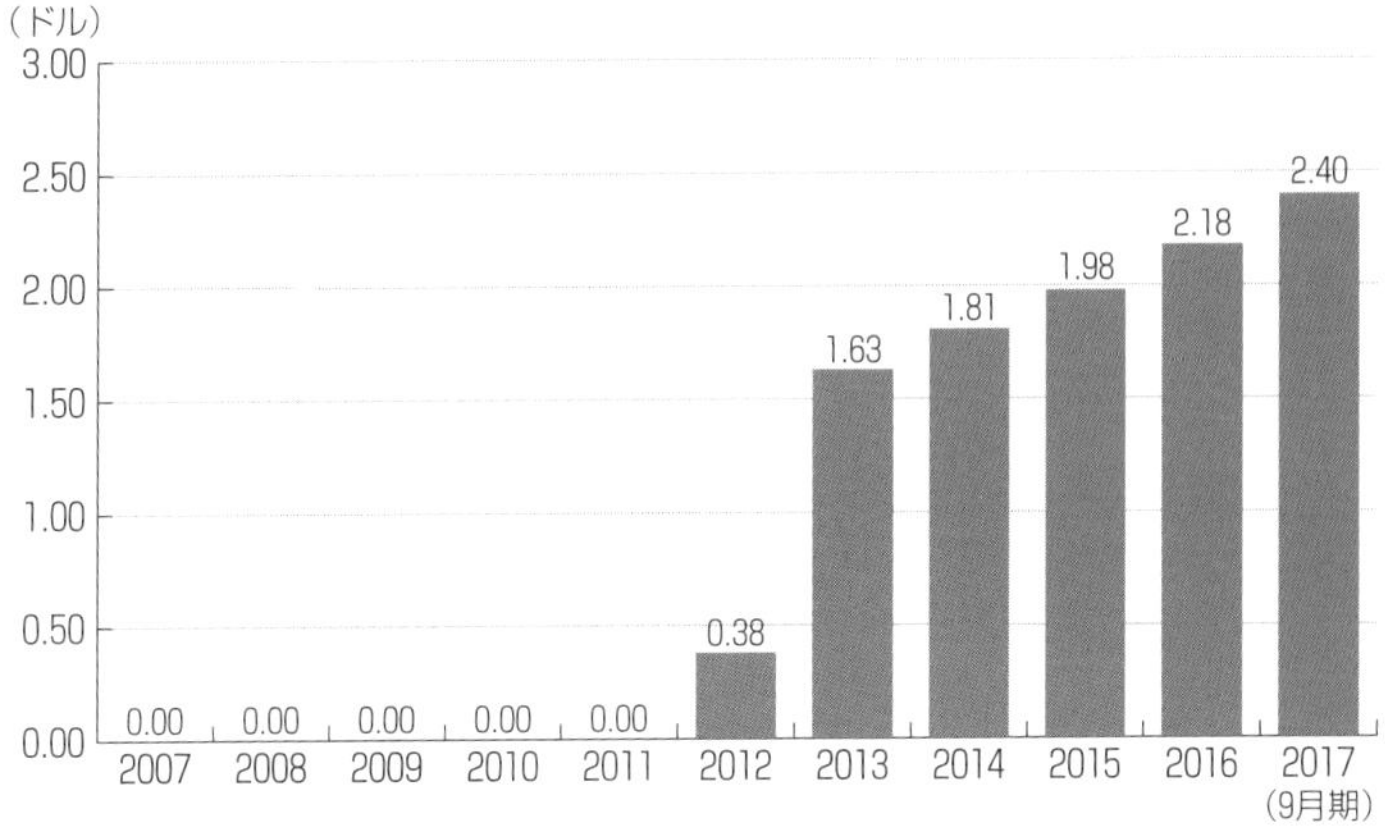

株主還元に関するシグナリング仮説に対応していると言えるでしょう。

こうしたことから、バンダイナムコＨＤの株価は上昇したのです。

アップルはなぜ配当するようになったのか?

図表６－９は、ｉＰｈｏｎｅなどでおなじみの**アップル**の１株当たり配当金の推移を示したものです。アップルでは、１９９６年以降無配を貫いてきましたが、２０１２年９月期（以降、単に２０１２年と記述します）からは配当を開始しました。しかも、それ以降増配を続けています。

アップルが長期間、無配を続けてきた理由は何でしょうか。そして、２０１２年から配当を始めた理由は何でしょうか。その答えのヒントは、アップルの売上高の推移にありました。

◉図表6-10　アップルの売上高および売上高対前年成長率の推移

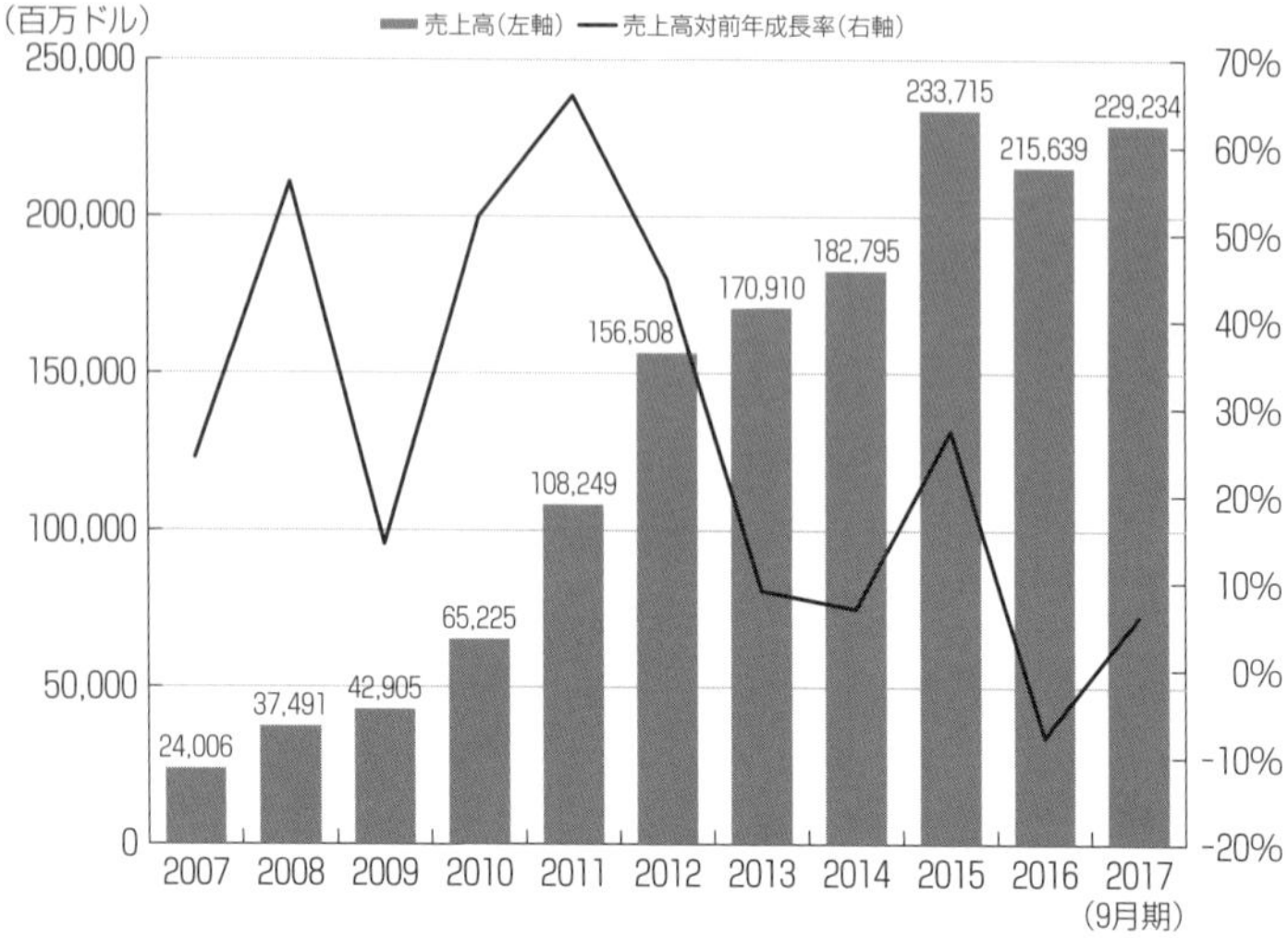

図表6－10を見てみると、初代iＰｈｏｎｅが発売された２００７年以降、アップルの売上高は大きく成長していることがわかります。iＰｈｏｎｅをはじめとした革新的なデバイスにより大きく売上高が成長したこの時期、アップルでは配当を行なっていませんでした。

なぜなら、配当金を株主に分配するより、利益を自社の事業に再投資して、将来のキャッシュ・フローを増やしたほうが企業価値が高まると判断されたからです。

しかしながら、配当を開始した２０１２年以降、それまで50％を上回ることも珍しくなかったアップルの売上高対前年成長率は大きく低下し、２０１６年には売上高が前年割れを起こしています。２０１２年は、アップルがそれまでの成長企業から、成熟企業に変わる節目の年でした。ちょうどこの時期は、アップルの成長の強力な牽引役であったスティーブ・ジョブズが亡くなったときとも重なります。

企業の成長ステージと配当の関係

アップルの成長スピードが鈍くなったことと、配当に対する姿勢が変化したことは決して無関係ではありません。成長期にあるとき、アップルはiPhoneなど様々な製品をつくり出すために、営業活動で得たおカネを事業に再投資し、成長を加速させていました。株主としても、利益を配当金として受け取るよりは、成長事業に再投資してもらうほうが将来のリターンが大きくなるため、これは望ましい選択でした。

ところが2012年以降、アップルの経営陣は今後自社の成長率が低下することを予測していたのでしょう。成長率が落ちるということは、投資に必要なおカネが減ることを意味します。そこで、営業活動で稼いだキャッシュを、配当として株主に還元する決断を下したのだと推測できます。

このように考えると、**成長企業では無配政策を採用し、成熟企業になるにつれて配当を増やす政策をとろうとする**のではないかというような、企業のライフサイクルと配当政策の関係についての仮説が成り立ちます。これを、配当に関する「**ライフサイクル仮説**」と呼びます。

配当と自社株買いの違い

ここまで、株主還元政策について取り扱ってきました。株主還元を行なう方法としては、配当と自社株買いの2つがありましたが、両者の株主還元政策としての違いは何でしょうか?

どちらも株主に対して現金を支払うことには変わりがありませんが、一番の大きな違いは、**「どの株主に対して現金を支払うのか」**という点にあります。

配当金の支払いを選択した場合、その配当金はすべての株主に対して、保有する株式数に応じて均等に支払いが行なわれることになります。

一方で、自社株買いを選択した場合、現金が支払われるのは、自社株買いに応じた株主だけです。自社株買いに応じなかった株主には、現金が支払われることはありません。

その結果、株主還元政策として自社株買いを選択した場合には、自社株買いに応じた株主と自社株買いに応じなかった株主の間で**価値の移転**が起こる可能性があります。

例えば、株価が本来あるべき水準よりも割安な価格となっているタイミングで自社株買いを行なったとすると、自社株買いに応じた株主は、結果として割安な水準で株を手放すことになります。一方、自社株買いに応じなかった株主は、その後の株価の上昇をキャピタル・ゲインとして手に入れることができます。

このような場合、自社株買いに応じた（短期保有志向の）株主から、自社株買いに応じなかった（長期保有志向の）株主に対して、価値の移転が起こることになるわけです。

また、**自社株買いには、配当と比べて実施時期や金額をコントロールしやすいという側面もあります。**

したがって、これまでに説明してきたことも踏まえると、経営陣が自社の株価が割安だと判断したタイミングで機敏に自社株買いを行なうことによって、長期保有志向の株主にとっての会社の魅力を高めることにつなげられる可能性があります。

コンサル File6

なぜ資本コストが上がるのに、負債を返済するのか？

ある企業の財務担当者と資本構成についてのディスカッションをしていたとき、次のような話を聞いたことがあります。

「当社の資本コストとしては株式よりも借入金のほうがかなり低いのです。ですが、経営トップの意向もあって、ここ数年で有利子負債の返済を進めてきました」

よくよく聞いてみると、その会社の配当利回り（1株当たり配当金を株価で割ったもの）は銀行からの借入利率を上回っている状況でした。金利が非常に低い状態が続いているため、いわゆるインカム・ゲインの部分だけで金利を上回るコストを支払っているというのです。本章でも取り上げたように、有利子負債には節税効果が働くため、有利子負債の利用は資本コストの面でメリットがあります。

それにもかかわらず、その企業は有利子負債の返済を進めました。本章で取り上げたアサヒＨＤにおいても、２０１８年５月24日付日本経済新聞朝刊によれば、ＡＢＩの事業を買収した際に借り入れた有利子負債を削減する方針だとされています。もちろん、アサヒHDにせよ、冒頭の企業にせよ、デフォルト・コストが大きくなっているような、経営危機に陥っている会社ではありません。

では、これらの会社は、なぜ有利子負債を削減してきた、あるいは削減しようとしているのでしょうか。理由は2つあります。

1つは、**将来資金が必要になったときに、借入れなどの資金調達をしやすくする**ためです。先のアサヒHDの記事でも、有利子負債削減の目的に関して、「財務強化を優先しながらM&Aなど成長投資への柔軟性を高める」ためとするCFOのコメントが掲載されています。

有利子負債依存度が高い状況下において新たな借入れを行なうことは、格下げのリスクなどを発生させることになります。そこで、前もって有利子負債の削減を進めておくことで、将来の資金調達を実施しやすくするという狙いがあるわけです。冒頭に出てきた財務担当者も、**経営の自由度を確保する**ことと、**将来に必要となる投資に対する資金調達の余力を高める**ことが、有利子負債の返済を進めた理由だと話していました。

もう1つは、**投資家と経営者や従業員のデフォルト・コストの大きさに対する認識の違い**です。もちろん、投資家にとっても、自分が投資した先が倒産するというのは望ましいことではありません。しかしながら、株式を保有する投資家にとって、投資している会社はあくまで数ある投資先の1つに過ぎません。したがって、どこか1つの会社が倒産したとしても、他の会社がそれをカバーするだけの価値を提供してくれればよいのです。ですから、（投資家にとって過度な）安全性を追求されるよりは、より積極的な姿勢で経営を行ない、投資家にとってのトータルとしての価値を高めてほしい、と投資家は考えるのです。

一方で、経営者や従業員にとっては、自社は自分の人生を左右する存在です。したがって、自社が倒産する際に受けるダメージは、株式投資家の比ではありません。従業員を路頭に迷わせたくないからこそ、経営者は有利子負債を返済し、経営を長期的に安定させようとします。

多くの優良企業が、無借金経営を標榜しているのもこうした理由によるものでしょう。ただ、ひたすらに安全性を追求するのが望ましいとも限りません。**本当に投資が必要なときには、機動的な資金調達を行ない、投資機会を逃さないことも、企業の長期的な成長性を確保するうえで重要なことです。**

なぜ資本コストが上がるのに、負債を返済するのか？

それは、**経営の安全性と積極性をバランスさせる**ためなのです。

おわりに

本書では、「企業価値を高めるために、ファイナンス思考力をどのように使うことができるのか?」について解説してきました。前著『武器としての会計思考力』でも強調したことですが、会計やファイナンスは現実のビジネスから離れたところにあるわけではなく、常に現実のビジネスで起こっていることとリンクしています。

ファイナンス思考力をビジネスの現場で活かす方法として、本書ではKPIマネジメントを取り上げました。最近においては、単なる売上高や営業利益ばかりではなく、ROEやROIC、EVAなどの指標を導入する企業が増えています。ファイナンスの考え方を理解しなければ、こうした指標を本当の意味で活用することができません。

また、M&Aは企業の経営戦略を実現する有効な手段の1つです。ただ、M&Aを成功に導くためには、ファイナンスの考え方を踏まえ、適正な価格で買収を行なわなければなりません。本来の価値より高い価格で買収すれば、M&Aの成功確率は下がってしまうからです。

そうしたM&Aや事業投資を成功させるためには、適切な手段で資金調達を行なうことも重要です。もし、資金調達のやり方に失敗すれば、思わぬ株価低迷を招いてしまうことにもなりかねません。

　また、株主還元政策には、経営者の株式市場に対するメッセージや、企業の今後の業績の見通しが隠されています。こうした情報を理解することで、その企業の実像をより深く読み解くことができるのです。

　本書では、こうしたファイナンスとビジネスの関わりを十分理解するために、ファイナンスの基本的な理論を踏まえつつ、企業における事例を数多く取り上げて解説してきました。企業の経営戦略を現実のものとし、企業価値を高めていくために、ファイナンスをどう活用したらよいのか。本書が、そうしたファイナンスを活用する思考力を身につける一助となり、日本企業の価値向上に少しでも貢献できることを、心より願っています。


　前著と同様に、本書には私自身の経営コンサルティング業界における実務経験、そして大学教員に転じて以降の様々な企業の方々とのディスカッションなどを通じて得た知見が反映されています。こうした経験がなければ、私が本書を執筆することはできませんでした。私に本書を執筆するうえで必要な知見を与えてくれた、すべての企業の方々に対して深く感謝いたします。

　また、本書の内容については、青木康晴氏（一橋大学大学院商学研究科）、永石信氏（中京大学経営学部）から貴重なコメントをいただきました。さらに、学部や社会人大学院（ビジネススクール）のゼミや講義でのやり取りのなかで、本書を執筆するうえでのヒントを数多く得ることができました。心より感謝の意を表します。

本書の企画・執筆にあたっては、前著に引き続いて日本実業出版社、特に同社第一編集部の皆さんからのご尽力をいただきました。執筆スケジュール等のマネジメントはもちろんのこと、本書で取り組むべきテーマや内容に関しても、様々な角度からアドバイスをいただけたことに対し、大変感謝しております。

紙幅の関係もあり、謝意を表すべき方々のお名前をすべて記すことは叶いませんが、本書を執筆するうえでお世話になった皆様に対し、深く感謝申し上げます。

そして最後に、常に変わらぬ温かいサポートと執筆への励みを与えてくれた家族へ、感謝の気持ちを込めて。

矢部　謙介

2018年10月

※本書では、各社の有価証券報告書やアニュアルレポートなどの公表資料に加えて、以下の文献やウェブサイトも参考にして記述しています。

・スターンスチュワート社『EVAによる価値創造経営』ダイヤモンド社、２００１年
・独立行政法人中小企業基盤整備機構「事業承継に係る親族外承継に関する研究」、２００８年３月
・「大型M＆A　適正価格を見抜け」（２０１２年10月28日付日経ヴェリタス）
・「コマツ、６割に引き上げ」（２０１３年５月23日付日本経済新聞朝刊）
・柳良平「Equity Spreadの開示と対話の提言」（企業会計２０１３年１月号）
・経済産業省「持続的成長への競争力とインセンティブ～企業と投資家の望ましい関係構築～　プロジェクト最終報告書（伊藤レポート）」、２０１４年８月
・「中国事業が致命傷に」（２０１５年５月30日付日本経済新聞北陸経済面）
・「脱・後ろ向きROE　解は１つじゃない」（日経ビジネス２０１５年６月22日号）
・「ピジョン株式会社山下茂社長インタビュー」（日本経済新聞電子版特集、http://ps.nikkei.co.jp/tseaward2017/2015.html）、２０１６年１月
・McKinsey & Company, T. Koller, M. Goedhart and D. Wessels, Valuation: Measuring

and Managing the Value of Companies 6/Edition, John Wiley & Sons, 2015（マッキンゼー・アンド・カンパニー、ティム・コラー、マーク・フーカート、デイビッド・ウェッセルズ著、マッキンゼー・コーポレート・ファイナンス・グループ訳『企業価値評価　第6版』ダイヤモンド社、２０１６年）
・山下茂「ピジョンにおけるエンゲージメントと企業価値向上」（２０１７年1月23日株式会社東京証券取引所企業価値経営セミナー資料、https://www.jpx.co.jp/equities/listed-co/seminar/management/tvdivq000005pdc-att/03_yamashita_shiryou.pdf）
・「ＥＶＡ経営　現場に浸透」（２０１７年4月1日付日本経済新聞朝刊）
・「中小、忍び寄る資金ショート、スタートアップが手助け」（２０１７年9月25日付日本経済新聞朝刊）
・ＫＰＭＧ「コーポレートガバナンスＯｖｅｒｖｉｅｗ２０１７」、２０１７年11月
・柳良平「ガバナンス改革と世界の投資家の視座」（２０１７年12月12日財務総合政策研究所講演資料、https://www.mof.go.jp/pri/research/seminar/fy2017/lm20171212.pdf）
・ＴＫＣ全国会「ＴＫＣ経営指標（要約版）平成29年度指標版」、２０１７年
・「バンナム、意表を突く増配」（２０１８年2月24日付日本経済新聞朝刊）
・ＩＳＳ（Institutional Shareholder Services）「２０１８年版　日本向け議決権行使助言基準」、２０１８年2月

・「企業は会計・ファイナンスをどう捉えているか⁉」（週刊ダイヤモンド2018年3月3日号）
・「有利子負債2600億円削減　アサヒ、成長投資に備え」（2018年5月24日付日本経済新聞朝刊）
・デロイトトーマツコンサルティング合同会社「日本企業の海外M&Aは上達しているのか？」、2018年5月
・財務省　国債金利情報（https://www.mof.go.jp/jgbs/reference/interest_rate/index.htm）
・ロイター　ウェブサイト（https://jp.reuters.com/）

矢部謙介（やべ　けんすけ）
中京大学国際学部・同大学大学院経営学研究科教授。専門は経営分析・経営財務。1972年生まれ。慶應義塾大学理工学部卒、同大学大学院経営管理研究科でMBAを、一橋大学大学院商学研究科で博士（商学）を取得。
三和総合研究所（現三菱UFJリサーチ＆コンサルティング）および外資系経営コンサルティングファームのローランド・ベルガーにおいて、大手企業や中小企業を対象に、経営戦略構築、リストラクチャリング、事業部業績評価システムの導入や新規事業の立ち上げ支援といった経営コンサルティング活動に従事する。その後、現職の傍らマックスバリュ東海株式会社社外取締役や中央大学大学院戦略経営研究科兼任講師なども務める。
著書に『武器としての会計思考力』『粉飾＆黒字倒産を読む』（以上、日本実業出版社）、『日本における企業再編の価値向上効果』『成功しているファミリービジネスは何をどう変えているのか？（共著）』（以上、同文舘出版）などがある。

「カネの流《なが》れ」をどう最適化《さいてきか》して戦略《せんりゃく》を成功《せいこう》させるか？
武器《ぶき》としての会計《かいけい》ファイナンス

2018年11月20日　初版発行
2021年６月10日　第４刷発行

著　者　矢部謙介
発行者　杉本淳一

発行所　株式会社日本実業出版社　東京都新宿区市谷本村町３−29 〒162-0845
大阪市北区西天満６−８−１ 〒530-0047
編集部　☎03-3268-5651
営業部　☎03-3268-5161　振　替　00170-1-25349
https://www.njg.co.jp/

印 刷／堀内印刷　　製 本／共 栄 社

この本の内容についてのお問合せは、書面かFAX（03-3268-0832）にてお願い致します。
落丁・乱丁本は、送料小社負担にて、お取り替え致します。

ISBN 978-4-534-05642-9　Printed in JAPAN